Bernhard Moestl

Die Kunst, einen Drachen zu reiten

Bernhard Moestl

Die Kunst, einen Drachen zu reiten

zu reiten

Erfolg ist das Ergebnis
deines Denken

www.knaur-ratgeber.de

Inhalt

Danksagung   6

Vorwort   7

Einleitung   11

TEIL 1: DIE WELT DES DRACHEN   16
Klage nicht darüber, dass Gott den Tiger geschaffen hat,
sondern danke ihm, dass er ihm keine Flügel gegeben hat. (Amhara)

1. Die Strategie der eigenen Wirklichkeit
Erkenne, dass du selbst deine Wirklichkeit aus dem
schaffst, was du für Tatsachen hältst.   20

2. Die Strategie der Selbstverantwortung
Erkenne, dass du in der Welt deiner Gedanken alleine
bist und dir dort niemand helfen kann.   36

3. Die Strategie der Bedingungslosigkeit
Erkenne, dass du manches einfach nicht ändern kannst.   52

4. Die Strategie der Wachsamkeit
Erkenne, dass nicht alles so ist, wie es dir scheint.   70

TEIL 2: DAS ZÄHMEN DES DRACHEN   86
Die Hummel: Sie hat 0,7 cm² Flügelfläche bei 1,2 g Gewicht.
Nach den bekannten Gesetzen der Aerodynamik ist es unmöglich,
bei diesem Verhältnis zu fliegen. Die Hummel weiß das aber
nicht und fliegt einfach. (Christian Niederberger)

5. Die Strategie der Wechselwirkung
Erkenne, dass nie andere etwas mit dir tun, sondern
immer du selbst es geschehen lässt.   90

6. Die Strategie der Enthaltsamkeit
Erkenne, dass nur du selbst entscheidest, was du in dein
Denken hineinlässt und wie lange es dort verweilt.   110

7. Die Strategie der Anziehung
Erkenne, dass du Glück, Erfolg und Reichtum ganz
bewusst in dein Leben ziehen kannst.   128

8. Die Strategie der Veränderung
Erkenne, dass jede Möglichkeit zur Veränderung
ausschließlich aus deinem Denken kommt.   146

TEIL 3: DAS REITEN DES DRACHEN   166
*Habe den Mut, deine Erkenntnisse in deinem eigenen Leben
anzuwenden, und du bekommst Flügel. (Jeremy A. White)*

9. Die Strategie der Macht
Erkenne, dass du wahre Macht nie mit Gewalt, sondern
nur mit Zuwendung bekommen kannst.   170

10. Die Strategie der Furchtlosigkeit
Erkenne, dass Respekt vor einer Situation sinnvoll,
Angst in einer Situation aber gefährlich ist.   186

11. Die Strategie der inneren Ruhe
Erkenne, dass deine Ruhe und Gelassenheit nur in dir
selbst liegen.   200

12. Die Strategie des selbstbestimmten Handelns
Erkenne, dass du deine Gedanken niemals von Emotionen
kontrollieren lassen darfst.   212

Epilog   223
Impressum   224

Wem ich danke sagen möchte

Hinter jedem Buch stehen immer ein Autor, der es schreibt, und viele andere Menschen, die ihm ihre Zeit, ihre Worte, ihre Gedanken und ihre Ideen schenken und das Projekt dadurch erst möglich machen. Beim Drachenbuch sind das ganz besonders meine Großeltern Erika und Norbert Möstl (1912–1993), von denen ich schon als Jugendlicher so viel über die Geheimnisse des Denkens lernen durfte. Danke für die vielen Gespräche und Plaudereien. Es sind Heidi Mischinger, Marianne Mohatschek und Irene Nemeth, Albert Klebel und Rainald Edel, die mir in unzähligen Gesprächen so viele neue Einsichten gegeben und mein Manuskript immer wieder gegengelesen haben, Fritz Weidinger, Markus Gollner, Diana Marenzi und Verena Hofstätter, die mich an ihren Einwänden und Ideen beteiligt haben. Es ist meine Projektleiterin Bettina Huber, mit der mich ein wunderbar inspirierendes Vertrauensverhältnis verbindet und die mir die Idee zum Titel gegeben hat. Marion Ónodi und Veronika Preisler vom Verlag, die mein Manuskript zu dem gemacht haben, was Sie jetzt in Händen halten. Es sind Menschen wie Gerhard Conzelmann vom International Shaolin Institute, ohne den es dieses Buch nicht gäbe, und Hussein Barghouty, ohne den ich nicht da wäre, wo ich heute bin. Und nicht zuletzt das Personal vom Ban Sabai Guesthouse in Bangkok, wo ich immer die Ruhe hatte, dieses Buch zu schreiben. Euch allen ein ganz herzliches Danke. Schön, dass es euch gibt.

Liebe Leserinnen und Leser,

seit unserer ersten Begegnung vor bald zehn Jahren verbindet mich mit dem Autor Bernhard Moestl die Begeisterung für ein Thema, das in der heutigen Zeit aktuell ist wie nie zuvor: die Kraft der Gedanken. Waren unser ursprüngliches Vorbild alleine die Mönche des chinesischen Klosters Shaolin, denen ihre Denkweise den Mythos der Unbesiegbarkeit eingetragen hat, so wurde uns im Laufe der Zeit die wahre Dimension dieser Kraft bewusst. Jene Worte, die Ihnen als sozusagen physische Ausformung Ihres Denkens durch den Kopf gehen, sind nur die sichtbare Spitze eines riesigen Eisberges. Ihr Denken ist nämlich viel mehr. Ob Meinungen, Glaubenssätze, Mut, Furcht, Liebe, Hass oder Zorn: Alles, was nicht körperlich existiert, ist das Produkt unseres Denkens. So auch die Qualität Ihres Lebens. Selbst Gefühle und Emotionen werden durch das Denken geschaffen und können vom Denken kontrolliert werden. »Wo dein Geist ist«, so sagt man in Shaolin, »dorthin wird dein Körper folgen.«
Bernhard Moestl hat es sich in diesem Buch zur Aufgabe gemacht, die Mechanismen, die hinter dem Denken stehen, verständlich aufzuzeigen und gleichzeitig zu erklären, wie man mit Hilfe der Gedanken alles erreichen kann, sobald man sich nicht mehr selbst im Weg steht. Natürlich muss man das Denken üben wie jede andere Fertigkeit auch. Einen Drachen reitet man nun mal nicht von heute auf morgen. Lassen Sie sich darauf ein, und Sie werden staunend feststellen, dass morgen schon Dinge möglich sind, von denen Sie es heute gar nicht gedacht hätten.

Ihr
Gerhard Conzelmann
Präsident International Shaolin Institute e.V.

*Das Glück deines Lebens
hängt von der Beschaffenheit
deiner Gedanken ab.*

(Marcus Aurelius)

Einleitung

Das Glück ist eine Frage des Willens.
Ich bin das Ergebnis dessen, was ich mir
ausgemalt und vorgestellt habe, was ich
gewollt habe und was ich beschlossen habe
zu sein. (Karl Lagerfeld)

Wie dieses Buch funktioniert und wie Sie daraus den größten Nutzen ziehen.

Zuerst einmal herzlich willkommen. Schön, dass Sie da sind. Ich hätte da gleich zu Beginn eine Frage. Angenommen, Sie können etwas. Gleichzeitig denken Sie aber, dass Sie es nicht können. Können Sie es dann? Gleich, wie Sie die Frage beantworten, wieso kommen Sie in diesem Fall auf die Idee zu glauben, dass Sie es nicht können? Ist es diese Stimme im Hinterkopf, die sich immer im unpassendsten Moment mit genau solchen Ideen zu Wort meldet?

Darf ich vorstellen: Ihr Drache

Diese Stimme gehört zu jenem Wesen, das Sie bereits ein ganzes Leben lang begleitet hat: zu Ihrem Drachen. Seit jeher gefürchtet und geliebt zugleich ist der Drache Symbol einer nur von wenigen Auserwählten kontrollierbaren, ungeheuren Kraft. Unser Drache betritt mit uns diese Welt und bleibt, bis wir sie wieder verlassen. Von sich aus weder gut noch böse ist er das, wozu Sie ihn machen. Er kann Ihr größter Feind sein – aber auch Ihr bester Freund.

Nähern Sie sich ihm ängstlich, verlangt er Opfer. Erkennt der Drache aber Stärke und die Bereitschaft, ihn zu zähmen, ist er bereit, sich zu unterwerfen und als Freund zu dienen. Erlaubt er Ihnen schließlich auf seinem Rücken Platz zu nehmen und ihn zu reiten, wird er Sie an jeden Ort bringen, den Sie sich vorstellen können.

Mehr als irgendetwas anderes bestimmt der Drache auch das Glück Ihres Lebens.

Ich habe mich oft gefragt, was Menschen, die ihre Träume leben dürfen, von jenen unterscheidet, die ihr Leben träumen müssen. Äußerlich sind ja bei körperlich gesunden Menschen keine Unterschiede festzustellen, und auch eine identische Ausbildung scheint nur zu gleichem Wissen, nicht aber zu gleichem Erfolg zu führen. Daran kann es also nicht liegen. Ich habe mich auch gefragt, warum manche Menschen Glück und Wohlstand scheinbar mühelos anziehen, während andere ihrer trotz größter Anstrengung nicht habhaft werden. Da der Unterschied offensichtlich nicht sichtbarer Natur ist, kann er nur in jenem Bereich liegen, der Außenstehenden verschlossen bleibt: in der Frage, wie diese und wie jene Menschen denken.

Wie hatte die Schriftstellerin Marie von Ebner-Eschenbach gesagt: »Wenn es einen Glauben gibt, der Berge versetzen kann, so ist es der Glaube an die eigene Kraft.«

Kehren wir noch einmal kurz zu meiner Einstiegsfrage zurück. Stellen Sie sich bitte zwei Personen vor, die in einem

Spiel eine Aufgabe lösen müssen, um in die nächste Stufe zu kommen. Die Schwierigkeit ist so gewählt, dass grundsätzlich jeder der beiden in der Lage wäre, die Aufgabe problemlos zu erledigen.

Person A weiß um ihre Fähigkeiten, packt das Problem an und ist eine Runde weiter. Person B hingegen hat die Stimme ihres Drachen im Kopf, der ihr sagt, dass sicher schon klügere Menschen an dieser Aufgabe gescheitert seien. Sie versucht es erst gar nicht und scheidet aus. Nicht wegen mangelnder Fähigkeiten, sondern einzig wegen eines Mangels im Denken. Schließlich arbeiten unsere Gedanken viel öfter gegen uns als für uns.

Mal ganz ehrlich: Fällt es Ihnen leichter, sich den schlechten Ausgang einer Sache vorzustellen, oder selbstverständlich ein gutes Ende zu erwarten? Kein anderes Wesen verkörpert für mich so stark die schier unendliche Macht menschlichen Denkens wie der Drache. Allein mit seiner Hilfe können Sie sich die beste aller Welten schaffen.

Den Einfluss des Drachen verstehen

Im Laufe der nächsten zwölf Kapitel werden Sie in jene Welt eintauchen, in der Ihr Drache lebt. Sie werden seinen Einfluss auf Ihr Leben verstehen und begreifen, warum er es Ihnen so oft schwer macht. Haben Sie sich einmal mit ihm vertraut gemacht, werden Sie beginnen, den Drachen zu zähmen, und er wird Ihnen ein treuer Freund werden. Sie werden lernen, dass nur das unmöglich ist, was Sie selbst für unmöglich halten.

Das Buch ist in zwölf eigenständige Kapitel unterteilt. Jedes ist in sich abgeschlossen und kann als Einheit einzeln durchgearbeitet werden. Da die Themen aufeinander aufbauen, sollten Sie die Reihenfolge möglichst einhalten.

Das »Drachenbuch« möchte aber mehr ein Arbeitsbuch sein als ein Lesebuch. Wie alles im Leben, das man richtig beherrschen möchte, muss man nämlich auch das Denken üben. Wenn Sie also etwas nicht gleich verstehen, gehen Sie nicht einfach darüber hinweg, sondern lesen Sie es noch einmal.

Außer diesem Buch benötigen Sie ab und zu ein Blatt Papier und einen Stift und natürlich Ihre Gedanken. Innerhalb des Textes und am Ende jedes Kapitels finden Sie Aufgaben und Fragen. Bitte beantworten Sie diese unbedingt an der Stelle, an der ich Sie dazu auffordere, und lesen Sie erst danach weiter. Und: Beantworten Sie die Fragen ehrlich, es hat keinen Sinn, sich selbst zu belügen.

Falls Ihr Drache nicht immer gleich so tut, wie er soll, lassen Sie ihm Zeit. Auch er muss sich auf die neue Situation einstellen. Mark Twain hat einmal gesagt: »Eine Angewohnheit kann man nicht aus dem Fenster werfen. Man muss sie die Treppe hinunterboxen, Stufe für Stufe.« Was für Gewohnheiten gilt, trifft auf eine Änderung im Denken erst recht zu.

Mit Liebe und Geduld zähmen

Selbst aber wenn Sie mit dem Verhalten Ihres Drachen sehr unzufrieden sind, versuchen Sie auf keinen Fall, gegen ihn zu kämpfen. Er ist stärker als Sie und würde Sie zerstören. Drachen kann man nur mit Liebe zähmen. Loben Sie ihn für das, was er richtig und gut macht, und vergessen Sie bei dem Lob auch sich selbst nicht. Das andere üben Sie einfach weiter.

Wer keine Vorstellung davon hat, wie sein Drache aussehen könnte, für den hat Illustratorin Marianne Mohatschek unter www.brainworx.cc einige Drachen zum Ausdrucken zur Verfügung gestellt.

Im Laufe der Zeit werden Sie Ihren Drachen immer besser kennenlernen. Dann wird es an der Zeit, ihm einen Namen zu geben und ein Gesicht.

»Unsere Gedanken«, hat der amerikanische Psychologe William James gesagt, »haben eine ungeheure Kraft. Es ist in unsere Entscheidung gelegt, diese Macht zu unserem Nutzen oder Schaden einzusetzen. Mit der Kraft der Gedanken bestimmen wir nicht nur über Gesundheit und Krankheit, sondern unsere Gedanken sind unser Schicksal. Das ist eine Gesetzmäßigkeit, der sich keiner entziehen kann; aber gleichzeitig eine wunderbare Chance.«

Genau diese gilt es zu nutzen. Lassen Sie uns gehen.

TEIL I

Die Welt des Drachen

Klage nicht darüber,
dass Gott den Tiger geschaffen hat,
sondern danke ihm, dass er
ihm keine Flügel gegeben hat.

(amharische Weisheit)

Nicht die Dinge selbst,
sondern nur unsere Vorstellungen
über die Dinge machen uns
glücklich oder unglücklich.
(Epiktet)

1. Die Strategie
der eigenen Wirklichkeit

Macht man sich keine Gedanken,
dann ist es auch weiter nichts.
Alles kommt nur davon,
dass der Mensch denkt. (Leo Tolstoi)

Erkenne, dass du selbst deine Wirklichkeit aus
dem schaffst, was du für Tatsachen hältst.

Ein bisschen seltsam scheint die Idee ja schon. Jeder schafft sich seine eigene Wirklichkeit, in der er dann lebt. Ich schaffe mir meine, Sie schaffen sich Ihre, und wir leben beide in zwei verschiedenen Realitäten. Als ob Wirklichkeit etwas wäre, das man schaffen und nach Belieben verändern kann. Und als ob sich meine Wirklichkeit von Ihrer unterscheiden könnte. Wie sollte denn das funktionieren? Entsteht Wirklichkeit nicht aus Tatsachen? Und was hat das mit dem Denken und unserem Drachen zu tun?

Der Drache in dir

Beginnen wir mit einem einfachen Beispiel. Sagen wir, Sie und ich, wir lesen beide das gleiche Buch. Es ist ein Kriminalroman, in dem ein Polizist einen Verbrecher jagt. Der Autor beschreibt so detailliert das Aussehen, das Umfeld und das Leben dieser zwei Personen, dass wir meinen, die beiden würden real existieren. Wir erfahren alles über das Alter, den Beruf, die Vorlieben und den Charakter der Darsteller. Wir wissen, was sie essen, wann sie aufstehen, wie sie sich kleiden und dass einer der beiden immer mit der Waffe schläft. Hätte nun Wirklichkeit vorrangig mit Tatsachen zu tun, müssten wir doch exakt die gleiche Vorstellung davon haben, wie die Personen aussehen, oder? Schließlich liegen uns beiden dieselben Fakten vor. Wir müssten für die gleiche Person Sympathie empfinden und den gleichen Darsteller ablehnen. Auch unsere Vorstellung von der Umgebung, in der diese Geschichte spielt, müsste ebenso exakt gleich sein wie unsere Annahme vom Ausgang der Geschichte. Sind sie aber nicht. Warum nicht? Weil Wirklichkeit im Kopf entsteht.

Jeder lebt in seiner Wirklichkeit

Was genau ist aber nun Wirklichkeit? Und wie unterscheidet sie sich von der Tatsache? Bleiben wir bei dem Beispiel mit dem Kriminalroman. Tatsache ist hier alles, was wir vom Autor über die handelnden Personen erfahren. Das kann die Haarfarbe eines Charakters sein, ihr Kleidungsstil oder die von ihr bevorzugte Automarke. In unserem Kopf erwecken wir nun diese Person zum Leben, indem wir sie vervollständigen. Wir erzeugen ihren Gang, ihre Haltung und einfach alles, das sie braucht – über das der Autor aber nicht geschrieben hat. Wir entscheiden schließlich, ob sie sympathisch oder unsympathisch aussieht, und sogar, ob wir ihre Stimme mögen. Das ist nun unsere Wirklichkeit. Und nur für den Fall, dass der Typ in unseren Gedanken schrecklich unsympathisch wirkt, wir uns aber eigentlich in ihn verlieben möchten, steht es uns jederzeit frei, ihn zu ändern. Anders ausgedrückt könnte man auch sagen, dass die Tatsachen Zutaten zu einem Kochrezept sind, und die eigene Wirklichkeit das, was jeder daraus kocht.

Ob wir es wollen oder nicht, unser Denken erzeugt uns ständig Realität.

Nehmen wir an, Sie lesen einen Reiseführer. Die Stadt, die in diesem Buch beschrieben ist, haben Sie noch nie gesehen. Sie beginnen die Einleitung zu lesen, in der ein allgemeiner Überblick gegeben wird. Ohne, dass Sie etwas dagegen tun können, entsteht in Ihren Gedanken ein Bild. Sie sehen den Hauptplatz, den mächtigen Dom, das gemütliche Kaffeehaus und sich selbst darin sitzen. Sie flanieren durch die engen Gassen und genießen die Ruhe.
Die Beschreibung lässt in Ihrem Kopf Bilder entstehen, die Sie in diesem Moment für die Wirklichkeit halten. Solange Sie die Stadt nicht tatsächlich sehen, wissen Sie für sich selbst ganz genau, wie es dort aussieht. Doch wie groß ist oft das Erstaunen, wenn Sie den im Buch beschriebenen Ort dann wirklich besuchen? Wenn Sie sehen, wie wenig Ihre Vorstellung mit den tatsächlichen Gegebenheiten übereingestimmt hat?
Sie könnten jetzt vielleicht sagen, gut, ein Buch. Da gibt es keine »echte« Wirklichkeit, da muss ich mir ja meine eigene zurechtzimmern. Mag sein. Aber, sehen Sie den Herrn da drüben? Ich finde, er sieht sehr gut aus mit dem dunklen Anzug und der dunklen Krawatte. Auch die Maßschuhe dürften aus Pferdeleder sein. Selbst wenn ich nicht wirklich

verstehe, warum er um diese Tageszeit eine schwarze Sonnenbrille trägt, ich habe selten einen so elegant gekleideten Mann gesehen.

Wenn ich Sie jetzt frage, was dieser Mann beruflich macht, welche Realität entsteht in Ihrem Kopf? Ist er ein erfolgreicher Banker oder ein Mafiaboss? Fühlen Sie sich in seiner Nähe wohl? Möchten Sie Ihn näher kennenlernen? Ich glaube, er ist einfach ein Model für die aktuelle Modeproduktion eines Designer-Labels. Warum sonst sollten hier Fotografen und Visagisten herumstehen?

Du bist, was du denkst

Auch Erwartung hat einen nicht zu unterschätzenden Einfluss auf Ihre eigene Wirklichkeit. Stehen Sie nach drei Tagen unglaublich anstrengender Anreise endlich vor den Ruinen des angeblich so berühmten Tempels T, werden Sie wohl jeden einzelnen Stein voller Entzücken bewundern. Sie werden das schönste Bauwerk der Welt vorfinden. Kommen Sie an dem gleichen Tempel zufällig vorbei, ist Ihnen dieser vielleicht nicht einmal die fünf Minuten wert, anzuhalten. Nicht körperliche Tatsachen, sondern ausschließlich Gedanken sind also die Schöpfer unserer Wirklichkeit. Das erkennt man auch daran, dass wir immer dort sind, wo wir mit unseren Gedanken sind. Wir können uns also in jeder Situation mit unserem Denken in eine andere, gegebenenfalls angenehmere Situation versetzen.

Stellen Sie sich bitte vor, Sie haben eine Traumreise gewonnen. Eine Luxuslimousine holt Sie von zu Hause ab, um Sie zum Flughafen zu bringen. Dort erwartet Sie bereits das Personal, das Sie zum Einstieg in die erste Klasse geleitet. Schon beim Betreten des Flugzeugs serviert man Ihnen ein Glas Sekt. Der Flug verläuft ruhig, das Personal ist ständig um Sie bemüht. Am Ziel angekommen wartet bereits Ihr Fahrer, der Sie in einem sehr komfortablen Auto in ein wunderschönes Hotel bringt. Die Anlage entspricht genau Ihren Vorstellungen. Sie fühlen sich wunderbar. Die Sonne scheint, es ist warm, und es geht Ihnen einfach gut. Dann beziehen Sie Ihren lichtdurchfluteten Bungalow, wo bereits ein voller Obstkorb auf Sie wartet. Sie werfen einen Blick aus dem Fenster und sehen den traumhaften Sandstrand, das strahlend blaue Meer und fühlen sich so richtig wohl. Einfach schön, hier zu sein. Es klopft vorsichtig an der Tür. Als Sie öffnen, steht ein junges, zierliches Mädchen mit mandelbraunen Augen und schwarzen Haaren vor Ihnen.

Wo sind Sie gerade? Wieder zurück? Gut. Dann lassen Sie uns fortfahren.

Unsere Realität ist immer eine Mischung aus dem,
was wir tatsächlich wahrnehmen, und aus dem, was wir dann
daraus machen. Und so entsteht in jeder Sekunde
persönliche Wirklichkeit.

Wenn es mir jetzt gelungen ist, Sie in eine andere Welt zu entführen, dann verstehen Sie, warum ich sage, dass Tatsachen und Wirklichkeit nicht zwingend miteinander verknüpft sind. Vergessen Sie aber bitte nicht, dass Denken keine Richtung hat. Ihre Gedanken ermöglichen Ihnen jederzeit einen Besuch im Himmel, das haben Sie gerade gesehen. Umgekehrt aber auch einen Aufenthalt in der Hölle.

Gleich, ob wir einen Schrei oder ein Lachen hören, den Duft einer Blume riechen oder den Geruch von Feuer wahrnehmen – in unserem Kopf entsteht eine Theorie, an der wir unser weiteres Denken und Handeln ausrichten. Unsere eigene Realität ist uns im Laufe des Lebens so selbstverständlich geworden, dass wir geneigt sind, zu glauben, es gäbe so etwas wie eine allgemeine, unveränderliche Wirklichkeit. Es gibt aber noch etwas anderes, das unsere persönliche Realität verändert: das Wissen um Dinge.

Denken erschafft Wirklichkeit

Vor etwa 1400 Jahren lebte in Korea ein Mann namens Won Hyo. Auf der Suche nach der Erleuchtung wanderte er als junger Mönch lange durch die nördliche Wüste. Er hatte es sich zur Gewohnheit gemacht, den ganzen Tag zu marschieren und erst am Abend zu rasten.

Eines Abends machte er in einer kleinen Oase halt. Ein paar Bäume boten ihm Schutz, und er sank müde unter einem von ihnen nieder und schlief ein. Mitten in der Nacht weckte ihn ein schrecklicher Durst. Da es stockdunkel war, tappte er herum, um Wasser zu finden. Nach einiger Zeit berührten seine suchenden Hände eine Schale. Als er sie aufhob, fühlte er Wasser darin schwappen. Er führte die Schale zum Mund und trank. Es war köstlich. In Dankbarkeit legte er die Hände zusammen und verbeugte sich.

Am Morgen wachte er auf und sah im ersten Licht des Tages, was er für eine Schale gehalten hatte: Es war ein zertrümmerter Totenschädel, voll von verkrustetem Blut, und an den Backenknochen hingen vertrocknete Fleischfetzen. In dem trüben Wasser darin krabbelte es. Den jungen

Mönch überwältigte der Ekel. Und als er sich würgend übergab, öffnete sich sein Geist und er verstand.

In der Nacht hatte er nicht gedacht und nicht gesehen – da war das Wasser köstlich erfrischend gewesen. Am Morgen hatten ihn Sehen und Denken zum Erbrechen gebracht. Er sagte zu sich:»Denken schafft Gut und Böse, Leben und Tod. Denken bringt den Kosmos hervor, Denken beherrscht alles. Ohne Denken gibt es keinen Kosmos, keinen Buddha, kein Dharma. Alles ist eins, und dieses Eine ist leer.«

Nun war es nicht mehr notwendig, einen Meister zu suchen – Won Hyo verstand bereits Leben und Tod; was gab es da noch zu lernen? Er kehrte um und wanderte durch die Wüste zurück in sein Dorf.

Der Drache erwacht zum Leben

Wir können es auch anders sagen. Was ich nicht weiß, so sagt ein altes Sprichwort, das macht mich nicht heiß. Wir fühlen uns wohl.

Doch wehe, wenn jemand mit einer noch so unwichtigen Information den Drachen weckt! Er ist schneller wach, als wir denken können, und vorbei ist es mit der Ruhe. Unsere Gedanken drehen sich im Kreis, und der Drache findet Gefallen daran.

Ich will Ihnen ein Beispiel geben, wie das Wissen um Dinge unser Denken, unser Handeln und unser Wohlbefinden beeinflusst. Ich teile meine Wohnung mit zwei Katzen. Auch wenn ich den beiden nicht erklären kann, warum das so ist, möchte ich weder, dass sie auf dem Esstisch spielen, noch, dass sie die Computertastatur als Sitzplatz benutzen. Da Katzen aber nicht den Schlafrhythmus von Menschen haben, dienen ihnen diese beiden Plätze auch in der Nacht als Spielplätze. Lange Zeit bin ich also oft mehrmals in der Nacht aufgestanden, in der Angst, die beiden könnten etwas zerstören. Irgendwann ist mir dann eingefallen, dass tagsüber, wenn ich in die Arbeit ging, die Katzen allein in der Wohnung waren und in dieser Zeit tun konnten, was sie wollten. Ohne übrigens, dass ich auch nur ein einziges Mal daran gedacht hätte und ohne dass sie ein einziges Mal etwas zerstört hätten. Meine Unruhe hatte also nichts mit dem Verhalten der Tiere zu tun, sondern nur mit meinem Wissen und der daraus entstehenden Angst. Seit dieser Erkenntnis habe ich wieder ruhige Nächte.

Solange wir nicht sehen und denken,
schläft unser Drache. Wir halten das für wirklich, was wir
für wirklich halten wollen und für uns gut ist.

Ich erinnere mich auch an eine interessante Begebenheit, bei der allein das Wissen um Dinge Menschen dazu gebracht hat, sogar auf Vorteile zu verzichten.
In meinem Land gibt es eine große Bank. Sie hatte über viele Jahre einen sehr guten Ruf, zahlte vernünftige Zinsen, und viele Menschen hatten ihr Geld dort veranlagt. Nie hatte es Probleme gegeben, und alle waren glücklich und zufrieden. Eines Tages erfuhren die Kunden, dass diese Bank bereits einige Zeit zuvor eine sehr, sehr große Summe Geld verloren hatte. In derselben Sekunde begannen sich Abertausende Drachen zu räkeln. Es war zwar nichts passiert, der einzelne Kunde war davon nicht betroffen. Denn falls Sie jetzt meinen, ein Bankberater hätte einem Kunden mitgeteilt, dass dieser leider kein Geld mehr ab-

heben könne, liegen Sie falsch. Die Menschen hatten ihre Informationen nur aus den Zeitungen. Bei der Bank liefen die Geschäfte weiter, als wäre nichts gewesen, und das tun sie bis heute. Tatsächlich hatte also niemand Geld verloren, und es war allen bekannt, dass die Bank genug Reserven hatte, um den Verlust abzufedern. Aber die Drachen waren wach. Die Kunden sahen die Bank, von der sie so lange begeistert gewesen waren, plötzlich ganz anders. Viele lösten hochverzinste, langfristige Sparverträge auf, verzichteten auf die Zinsen und schadeten sich im Endeffekt selbst.

Natürlich hätte es auch anders kommen können. Aber erstens wäre es zu diesem Zeitpunkt ohnehin schon zu spät gewesen, noch etwas zu tun. Und zweitens wurde das Problem der Bank erst da ein Problem für die Kunden, als diese davon erfuhren. Oder glauben Sie wirklich, dass Dinge nicht passieren, nur weil Sie nichts davon wissen?

Sich der Macht seiner Gedanken bewusst werden

Dass Wirklichkeit etwas ist, das wir uns selbst aus vermeintlichen Tatsachen zusammenbauen, kann man auch daran sehen, wie die meisten von uns mit sogenannten »unheilbar Kranken« umgehen. Denn sobald einem Menschen autoritär genug gesagt wird, dass die ihm verbleibende Lebenszeit beschränkt ist, und er sich in diese Weisung fügt, verändert sich die Wahrnehmung seiner Mitmenschen. In deren Wirklichkeit gibt es dann diesen einen, dessen Zeit bald abläuft, den man von nun an viel bewusster wahrnimmt, dessen Zeit plötzlich so kostbar erscheint, und von dem man nie weiß, ob man ihn je wiedersieht.

Auf der anderen Seite stehen sie selbst, die durch Unwissenheit Glücklichen, vermeintlich Unsterblichen, deren Leben noch ewig zu dauern scheint. Das Interessante daran ist nun, dass der Umkehrschluss ja gar nicht zulässig ist und wir uns so gesehen alle wie »unheilbar Kranke« behandeln müssten. Oder kennen Sie eine Alternative zum Tod? Nur weil der kranken Person A gesagt wird, dass ihr Leben vielleicht in einem Jahr zu Ende gehen könnte, woher will die gesunde Person B wissen, dass sie auch nur den morgigen Tag überlebt? Tatsache ist aber, dass die unwissende Person B zwar wahrscheinlich weniger bewusst, aber trotz allem unbeschwerter leben wird. Eine Garantie gibt es aber wie gesagt für beide nicht. Nicht für das Sterben von A und noch weniger für das Leben von B. Und selbst für den Fall, dass Person A nach Ablauf des Jahres wirklich geht, wäre dieses wohl mit Sicherheit anders verlaufen, hätte sie nichts von dem Zeitpunkt gewusst.

Ich möchte hiermit nicht das Leiden von Menschen bewerten oder gar schmälern, die sich in dieser fraglos extrem schwierigen Situation befinden. Ich will ausschließlich zeigen, dass unser oft nur vermeintliches Wissen von Tatsachen unsere eigene Wirklichkeit und damit die Lebensqualität in Sekundenbruchteilen verändern kann.

Es gibt in diesem Zusammenhang noch eine andere Frage, von deren Beantwortung das Glück unseres Lebens abhängen kann. Was genau geschieht nach dem Tod? Wohin werden wir gehen? Gibt es ewiges Leben, ewige Verdammnis oder einfach nur ewiges Nichts? Faktum ist, wir wissen es einfach nicht. Und so bleibt die Antwort jedem selbst überlassen. Unabhängig davon, wie es auf der anderen Seite dann tatsächlich weitergeht, steht es uns frei, unser Leben auf dieser Erde in Vorfreude auf ein Paradies oder aber in ständiger Angst vor einer Hölle zu verbringen.

Der Drache bricht aus

Tatsächlich beschränkt sich die Macht unseres Denkens natürlich nicht auf solche Themen. Sie haben gesehen, dass Wirklichkeit nur durch Denken entsteht, und dass Ihr Denken bereitwillig alles schafft, was Sie oder andere ihm befehlen. Bis hierher lautete die Frage, wie Ihr Denken – also Ihr Drache – mit Tatsachen umgeht. Wenn aber nur der Drache Ihre Wirklichkeit schafft, dann braucht es doch gar keine Tatsachen, oder?

Nehmen wir an, Sie haben mich gebeten, etwas wirklich Dringendes zu besorgen. Ich komme zurück, und Ihre erste Frage an mich lautet natürlich: »Und, hast du es bekommen?« »Was meinst du denn?«, gebe ich zur Antwort, »nein, jetzt sag nicht, ich habe das vergessen! Das darf doch nicht wahr sein! Und ich wollte es mir noch aufschreiben …« Muss ich mehr erzählen? Ihr Drache tobt und Sie mit ihm. Warum eigentlich? Weil in Ihrem Kopf jene Wirklichkeit entstanden ist, von der ich wollte, dass Sie diese erschaffen. Natürlich habe ich die Sache besorgt, und wenn das Ganze auch vielleicht nicht wirklich lustig ist, zeigt es doch sehr schön, dass die Wirklichkeit im Kopf überhaupt nichts mit Tatsachen zu tun haben muss.

Wenn man ganz genau hinschaut, kann man erkennen, dass die wenigsten Bilder in unserem Kopf mit Fakten zu tun haben und dass diese für die persönliche Wirklichkeit auch gar keine Bedeutung haben. Tatsächlich sind Sie traurig, wütend oder lustig, wenn ich etwas erzähle oder Sie etwas lesen, das den Drachen in diese Stimmung bringt. Warum sonst lachen Sie über einen Witz? Weiter gedacht, bedeutet das natürlich auch, dass die Frage, wie es Ihnen geht, am meisten davon abhängt, wie Sie wollen, dass es Ihnen geht. Tatsachen können Sie oftmals nicht ändern. Was Sie aus diesen machen und wie es Ihnen in der Folge genau damit geht, aber sehr wohl.

Die Dinge nehmen, wie sie sind

Folgen Sie mir bitte kurz in ein ziemlich vornehmes Restaurant. Es ist ein nicht ganz billiger, aber sehr angenehmer, ruhiger Platz, der Ihnen sofort gefällt. Auch das Personal ist freundlich und aufmerksam, und Sie genießen den Abend. Als es aber ans Zahlen geht, gibt Ihnen ein Kellner zu wenig Geld heraus. Sobald Sie ihn allerdings darauf aufmerksam gemacht haben, entschuldigt er sich vielmals und ergänzt den fehlenden Betrag. Soweit die Tatsachen. Sie haben jetzt drei Möglichkeiten zu reagieren.

Erstens können Sie ein fürchterliches Theater machen und sich selbst bemitleiden, weil Sie ja betrogen worden sind. Sie werden den Geschäftsführer holen, diesem die Geschichte erzählen und sich am Schluss darüber ärgern, dass Sie wahrscheinlich gar nicht ernst genommen worden sind und man jetzt wohl über Sie lacht. Wissen können Sie das, wie gesagt, alles nicht, aber der Abend ist verdorben. Zweitens können Sie denken, dass der Kellner nicht aus Bösartigkeit gehandelt hat, sondern aus Überforderung. Sie können sich darüber beklagen, dass es mittlerweile schon so weit gekommen ist, dass die jungen Leute so lange arbeiten müssen, dass solche Dinge passieren können. In beiden

Fällen wird es Ihnen schlecht gehen. Darf ich Sie darauf aufmerksam machen, dass das völlig unnötig ist? Außer, dass der Drache seine Freude gehabt hat, haben beide Aktionen nämlich nichts gebracht. Den eigentlichen Grund für den Fehler werden Sie ohnehin nicht erfahren, und er ist auch belanglos. Sie könnten aber, und das wäre die dritte Möglichkeit, ganz bewusst auf das Schaffen einer Wirklichkeit verzichten und die Dinge nehmen, wie sie sind. Der Kellner hat Ihnen zu wenig Geld herausgegeben und seinen Fehler sofort korrigiert. Niemandem ist ein Schaden entstanden und das Thema damit erledigt. Manchmal muss man den Drachen mit aller Kraft zum Schweigen bringen.

Vergessen Sie nicht: Sie sind frei, zu denken und zu fühlen, was Sie möchten. Sagen Sie das also auch Ihrem Drachen.

Sie haben jetzt gesehen, dass wir in jeder Situation unsere eigene Wirklichkeit schaffen und diese selbst aus einer Vielzahl von möglichen Wirklichkeiten auswählen können. Oder aber wir können den Drachen für uns wählen lassen. Was zwar oft bequemer, aber ganz offensichtlich nicht immer klug ist. Ein bisschen ist das alles wie in einem Kleidergeschäft. Auch hier haben wir viel Verschiedenes zur Auswahl. Wir können uns elegant kleiden oder lässig, je nachdem, wie wir uns fühlen möchten. Würden Sie in diesem Fall auf die Idee kommen, einfach jenes Modell zu nehmen, das der Verkäufer Ihnen verkaufen will? Obwohl Sie sich in diesem absolut unwohl fühlen? Wohl kaum. Was Ihnen nicht gefällt, das legen Sie zur Seite. Warum aber nehmen Sie dann ohne Nachfrage alles, das der Drache Ihnen verkauft?

DEN EIGENEN DRACHEN KENNENLERNEN

Beantworten Sie bitte die untenstehenden Fragen, um zu verstehen, wie sehr Ihre Wirklichkeit an Ihr Denken gekoppelt ist.

Was können Sie, obwohl Sie denken, dass Sie es nicht können?

....

Wann ist etwas schwierig? Und warum?

....

Warum ärgern Sie sich, wenn ich Ihnen etwas Ärgerliches erzähle?

....

Welches Gefühl ist Ihrer Meinung nach stärker:
Zorn oder Freude? Und warum?

....

Gibt es etwas, das Sie wirklich wissen?

....

Wie lange lebt ein gesunder Mensch?

....

Häufig wache ich nachts auf,
zerbreche mir den Kopf über ein
schwieriges Problem und beschließe,
es dem Papst zu unterbreiten.
Dann werde ich ganz wach,
und mir fällt ein,
dass ich der Papst bin.
(Papst Johannes XXIIX.)

2. Die Strategie der Selbstverantwortung

Nur die Sache ist verloren, die man selber aufgibt.
(Gotthold Ephraim Lessing)

Erkenne, dass du in der Welt deiner Gedanken alleine bist und dir dort niemand helfen kann.

Darf ich Sie bitten, mir zu folgen? Gehen wir in diese große Halle dort. Hören Sie, wie das Publikum tobt? Die Leute sind total in Stimmung. Schließlich gibt es hier nicht jeden Tag einen Boxkampf zu sehen. Kommen Sie mit und sehen Sie sich ruhig um. Es ist dunkel in der Halle, nur der Ring ist beleuchtet. Dies sieht schon sehr spannend aus. Die Ränge sind bis auf den letzten Platz besetzt. Jetzt ertönt Musik. Ein sehr entschlossen wirkender Boxer betritt die Halle, riesiger Beifall brandet auf. Was das alles mit Ihnen zu tun hat? Sehr viel. Ich will es Ihnen gleich erklären.
Jetzt klettert der Boxer in den Ring. Er muss einen Weltmeistertitel haben, denn er hält einen riesigen Gürtel in die Höhe. Der Kampf dürfte also ziemlich spannend werden. Wo Sie sitzen sollen? Wo Ihr Platz ist? Was glauben Sie denn? Schauen wir doch mal. Hier ist jedenfalls alles voll. Aber sehen Sie den Mann dort neben dem Ring, der Ihnen winkt? Ich denke, das ist Ihr Trainer. Sie sollten also los-

gehen. Das ist schon Ihr Applaus. Gehen Sie einfach weiter, immer den Gang entlang, Ihr Gegner wartet schon. Der Trainer gibt Ihnen noch letzte Anweisungen, erklärt Ihnen noch einmal, wo die Schwachstellen des Gegners sind. Denken Sie noch einmal an Ihre Strategie. Ihr Trainer wünscht Ihnen viel Glück. Von jetzt an kann er nichts mehr für Sie tun.

Sie sind allein. Selbst wenn Tausende Menschen um Sie herum sind, auch wenn der Trainer nur wenige Meter neben Ihnen steht, jetzt sind Sie auf sich allein gestellt. Niemand kann Ihnen mehr helfen.

*Wer die Macht der Gedanken verstehen möchte,
muss sich zuerst einmal bewusst machen,
dass wir in unserer eigenen Realität immer allein sind.*

Sobald wir in den Ring steigen, gleichen wir dem oben beschriebenen Boxer. Der Ausgang einer Situation hängt nur von uns ab, niemand anderer kann ihn verändern und niemand sonst kann ihn verantworten. Egal, wer Ihnen in einer schwierigen Situation auch beistehen wollte, er hätte keine Möglichkeit, in die Welt Ihrer Gedanken vorzudringen.

Sich als Mittelpunkt der eigenen Welt begreifen

Wenn Ihnen diese Einsicht vielleicht auch banal erscheinen mag, sie hat doch weitreichende Folgen. Anders gesagt bedeutet es nämlich, dass Sie und nur Sie der Mittelpunkt Ihrer inneren Welt sind. Es bedeutet weiter, dass es dort niemand Wichtigeren gibt, geben kann und geben darf als Sie. Damit Sie mich nicht falsch verstehen: Sich selbst als die Mitte der eigenen Welt zu begreifen, hat nichts mit Egoismus zu tun. Es hat auch nichts mit unserem Verhalten anderen Menschen gegenüber zu tun.

Sich selbst wichtig zu nehmen, bedeutet ja nicht, anderen Menschen Respekt zu versagen. Es bedeutet aber sehr wohl, Entscheidungen, die einen selbst betreffen, zuallererst einmal mit sich selbst abzustimmen.

Der Drache nimmt Einfluss

Wenn Sie nicht lernen, auf sich selbst Rücksicht nehmen zu können, wie wollen Sie es dann bei anderen können? Sind Sie aber auch in der Lage, diese Einsicht tatsächlich zu leben, oder denken Sie nur, dass es eigentlich so sein sollte? Versetzen Sie sich bitte in folgende Situation: Sie haben nach gründlicher Überlegung ein recht teures Stück gekauft, das Sie sich schon lange gewünscht haben. Als Sie das Teil zu Hause auspacken, stellen Sie fest, dass es erstens nicht ordentlich funktioniert und zweitens auch nicht wirklich Ihren Vorstellungen entspricht. Sie gehen also zurück zu Ihrem Händler, um die Ware wieder zurückzugeben.

Doch als Sie diesem Ihr Problem schildern, schüttelt er nur verwundert den Kopf. »Das kann nicht sein«, bekommen Sie zu hören, »Sie sind der einzige Kunde, der dieses Problem hat. Bei allen anderen funktioniert es, und auch sonst sind alle zufrieden. Das Problem muss also bei Ihnen liegen. Anders kann ich es mir nicht vorstellen. Und Sie dürfen mir glauben, ich habe davon schon sehr viele verkauft.«

Hören Sie Ihren Drachen flüstern? »Siehst du, du bist mit deinem Problem allein. Habe ich es dir nicht gesagt? Bei allen anderen passt es. Nur du bist der Störenfried.« Wie reagieren Sie? Lassen Sie mich raten. Sie denken: »Wenn alle anderen zufrieden sind und nur ich nicht, dann wird das wohl an mir liegen. Und da will ich nicht unangenehm auffallen. Vielleicht kann man ja das Problem auch anders lösen.« Wie war das noch einmal mit dem Mittelpunkt Ihrer Welt?

Wenn Sie sich selbst die wichtigste Person sind, dann zählt doch eigentlich nur, dass Sie glücklich sind, oder?

Selbst wenn die ganze Menschheit dieses Problem nicht hätte, und Sie aber haben es schon, ändert das dann etwas an Ihrem Problem? Und gibt es dadurch irgendeinen Grund, warum es nicht gelöst werden sollte? Der Händler jedenfalls sieht sich mit Sicherheit als Mittelpunkt seiner Welt und handelt auch danach.

Wenn auch viele Menschen meinen, gegen diese Form der Manipulation immun zu sein, darf ich Ihnen versichern, dass dem nicht so ist. Ein interessantes Beispiel dafür sind Computerprogramme.

Angenommen, Sie versuchen bei einer Software eine ganz bestimmte Funktion auszuführen. Doch egal, was Sie tun, es funktioniert nicht. Eigentlich sind Sie zwar ganz sicher, dass es so klappen müsste, und befolgen ganz genau die Schritte in der Anleitung, aber alles ohne Erfolg. Jetzt mal ganz ehrlich – was halten Sie für wahrscheinlicher: dass Sie nicht in der Lage sind, die Software ordentlich zu bedienen, oder dass der Hersteller einen Fehler bei der Programmierung gemacht hat und diese bestimmte Funktion daher gar nicht auszuführen ist. Warum?

Und wenn eine große, altehrwürdige Organisation Sie auffordert, für eine Ware zu bezahlen, die Sie Ihrer Meinung nach nie bestellt haben, bei wem vermuten Sie eher den Fehler?

Selbstsicher seinen Weg verfolgen

Kehren wir aber noch einmal zurück zu unserem Händler und seinen Tausenden zufriedenen und seinem angeblich einzigen unzufriedenen Kunden. (Ich habe hier bewusst »angeblich« geschrieben, weil wir das ja nie überprüfen können. Tatsächlich ist es natürlich völlig egal, ob hundert oder hundert Millionen Menschen mit dem Produkt zufrieden sind, wenn Sie es nicht sind. Sie erinnern sich noch an den Mittelpunkt?) Trotzdem hat der Händler Ihnen in den Kopf gesetzt, dass Sie zuerst den Fehler bei sich selbst suchen sollen, und dann gegebenenfalls noch einmal kommen. Er hat Ihnen also, anders formuliert, das Problem wieder zurückgegeben, und Ihr Drache hat es mit Freude angenommen.

Betrachten wir aber die Sache einmal von einer anderen Seite. Nehmen wir an, Sie und der Händler wären allein auf dieser Welt. Es gäbe niemanden, der angeblich mit dem Produkt so zufrieden sein kann. Und Sie sind nur deshalb der einzige sich beschwerende Kunde, weil es eben keine anderen Kunden gibt. Es gibt also niemanden, mit dem der Händler Sie unter Druck setzen kann. Würde sich jetzt etwas an Ihrem Verhalten dem Händler gegenüber ändern? Warum? Das Problem wäre doch dasselbe, oder?

Trotzdem würden Sie sich in der gleichen Situation anders verhalten. Wann sind Sie das letzte Mal auf so einen Verkäufer gestoßen?

Die »anderen« sind des Drachen Freunde

Um zu verstehen, was hier passiert, muss man wissen, dass auch der Drache gute Freunde hat. Freunde übrigens, die wir alle bestens kennen:»die anderen«. Nicht die anderen Drachen, nein, einfach »die anderen«. Denn auch wenn niemand auf Anhieb wirklich sagen kann, um wen es sich hierbei genau handelt, die »anderen« sind allgegenwärtig. Wir finden Dinge gut, weil die »anderen« sie gut finden, wir lehnen etwas ab, weil die »anderen« es ablehnen, und wir tun Dinge, weil die »anderen« sagen, dass wir sie tun sollen. Nicht wir selber sind der Grund unseres Handelns, sondern die besten Freunde unseres Drachen. »Ich allein würde es ja gar nicht tun«, höre ich oft Leute sagen, »aber die anderen tun es ja auch.«

Die anderen. Sie tun, lassen, fordern auf, geben und nehmen, und wir tun es ihnen nach. Sie dienen als Maßstab, als Motivation und als Entschuldigung. Nur Verantwortung übernehmen sie leider nicht. Das müssen wir dann schon selber tun. Wie war das jetzt noch einmal mit dem Mittelpunkt?

Verantwortung für sein Handeln übernehmen

Im Leben vieler Menschen sind die Freunde des Drachen gegenwärtiger als sie selbst. Warum es nicht sinnvoll ist, die Bedürfnisse aller anderen vor die eigenen zu stellen, kann man leicht zeigen. Stellen Sie sich vor, Sie möchten einen Kreis konstruieren, in dem nachher andere Menschen Platz haben sollen. Sich selbst als Mittelpunkt nehmen wollen Sie nicht, das wäre ja egoistisch. Also nehmen Sie den Herrn da drüben. Oder nein, die alte Dame dort. Nein, der Junge hier, ich muss mich um ihn kümmern, er soll der Mittelpunkt des Kreises sein. Oder doch jemand ganz anderer? Und so geht es weiter. Da es ohne Mittelpunkt aber keinen Kreis gibt, ist am Schluss niemandem geholfen – Ihnen nicht und auch sonst niemandem.

Umgekehrt funktioniert die Sache mit den anderen natürlich ganz genauso. Wenn wir etwas nicht wahrhaben wollen, dann betrifft das mit Sicherheit nur die Freunde des Drachen. Keinesfalls aber uns selbst. Wie anders wäre die folgende Situation sonst zu erklären? Sie sitzen im Auto

Sind Sie selbst die Mitte und fühlen Sie auch, dass dort Ihr Platz ist, dann können Sie einen guten Kreis erzeugen.

und sind unterwegs nach Hause. Da Sie den Weg schon oft gefahren sind, beschließen Sie, die übliche Strecke zu nehmen. Sie sind noch ein Stück von der Autobahn entfernt, als Sie im Radio hören, dass sich dort nach einem Unfall ein mehrere Kilometer langer Stau gebildet hat.

Sie hätten also noch die Möglichkeit, einen anderen, jedoch weiteren Weg zu nehmen. Was Sie zweifelsfrei auch täten, wäre da nicht der Drache. »Es ist zwar ein Umweg«, denken Sie, »aber auf jeden Fall schneller, als im Stau zu stehen.« »Nein«, sagt der Drache, »bis du dorthin kommst, hat sich der Stau schon lange aufgelöst.« »Ja, aber, was ist wenn …?« »Glaub mir«, sagt der Drache. »Das letzte Mal war es doch ganz ähnlich. Da haben sie auch im Radio von diesem Verkehrsstau geredet, und was war, als du hingekommen bist? Eigentlich nichts, oder? Und willst du jetzt um diese Zeit noch einen Umweg fahren? Den ganzen Weg über die Landstraße?« »Stimmt eigentlich«, meinen Sie.

»Bis ich zu dieser Stelle komme …« Und fahren auch schon auf die Autobahn auf. Zu allem Unglück ist der Stau doch noch nicht ganz so lang, wie Sie es erwartet hatten, und Sie haben noch ein Stück freie Fahrt. Der Drache frohlockt. »Habe ich dir etwas gesagt? Nur weil die anderen im Stau gestanden sind, warum sollte das auch dich betreffen?« »Stimmt«, denken Sie und sind froh über die eingesparte Zeit. Bis Sie nach der nächsten Kurve dann das Stauende erreichen und die Stimmung des Drachen innerhalb Sekunden umschlägt. »Das war jetzt wieder notwendig! Jetzt stehst du mindestens zwei Stunden im Stau. Nur weil die das nicht im Radio sagen können! Ich meine, sicher haben sie gesagt, dass es einen Unfall gegeben hat, aber wenn du gewusst hättest, wie lange der Stau ist, du wärst doch anders gefahren! Und das alles nur wegen diesem Idioten, der da den Unfall gebaut hat! Nur weil die anderen nicht normal Auto fahren können …«

Moment mal. Sie haben doch selbst entschieden, wider besseres Wissen die Problemstrecke zu fahren. Aber für Ihren Ärger verantwortlich sind natürlich, und das weiß niemand besser als Ihr Drache, die »anderen«.

Selbstverantwortung dauert ein Leben lang

Ich will Ihnen noch ein anderes, wenngleich sehr extremes Beispiel dafür geben, dass die meisten Menschen denken, dass gewisse Dinge sie einfach nicht betreffen. Vergessen Sie bitte kurz Ihre Moral, und unterdrücken Sie die Versuchung, mit mir über diese zu diskutieren. Darum geht es jetzt nicht. Folgen Sie mir in den Todestrakt eines beliebigen Gefängnisses. Dort begegnen wir einem durchaus unangenehmen Menschen auf dem Weg zu seiner Hinrichtung. Weder bestreitet noch bereut dieser, im Laufe seines Lebens mehr als 40 Menschen getötet zu haben. Ganz im Gegenteil, so meint er, sei er stolz auf seine Taten und bereit, jederzeit wieder zu morden. Doch sind weder diese Verbrechen noch die Frage, ob diese Art der Strafe gerechtfertigt ist, die Gründe, warum ich Sie an diesen schrecklichen Ort gebracht habe. Verwunderlich ist nämlich vielmehr, was wir jetzt sehen. Lässt sich doch dieser skrupellose Massenmörder wie ein Lamm zum Schlachten führen! Weder dürfen wir davon ausgehen, dass er moralisch vor einem weiteren Mord zurückschrecken würde, noch dass er in seiner Situation noch irgendetwas zu verlieren hat. Warum also, so frage ich mich, setzt sich der Mann nicht zumindest zur Wehr? Warum lässt er alles mit sich geschehen, als ginge es ihn nichts an? Für mich persönlich gibt es da nur eine einzige Erklärung: Er will es nicht wahrhaben. Getötet zu werden, so denkt er wohl, ist eine Sache, die betrifft nur andere. Aber nicht mich.

Sich seinem Drachen widersetzen

Auf der anderen Seite könnten die meisten Drachen ohne ihre Freunde wohl gar nicht existieren. Ihrer schon, meinen Sie? Dann schauen wir mal. Angenommen, Sie müssten von einer Sache 1000 Einheiten verkaufen, damit es ein Erfolg wäre und Sie davon leben könnten. Sie geben Ihr Bestes, doch am Ende stellt sich heraus, dass Sie nur knapp 700 Einheiten an den Mann gebracht haben. Wie fühlen Sie sich jetzt? Bevor Sie weiterlesen, versetzen Sie sich bitte in diese Situation und geben Sie sich selbst eine ehrliche

Antwort. Denken Sie daran, dass Sie von den verkauften Einheiten nicht leben können. Und? Was aber, wenn ich Ihnen nun erzähle, dass es Ihr größter Konkurrent, der immer so unerreichbar schien, es nicht einmal auf 500 Einheiten gebracht hat? Geht es Ihnen dann besser? Bedenken Sie, Sie haben mehr verkauft als der große, sonst immer so starke, unbesiegbare Mitbewerber! Sie haben ihn um fast die Hälfte übertroffen! Hören Sie Ihren Drachen? »Wenn das so ist, dann sind ja die 700 gar nicht so schlecht! Schließlich haben die anderen noch viel weniger verkauft! Wahrscheinlich geht zurzeit einfach nicht mehr, weil die Kunden kein Geld ausgeben möchten …« Verstehen Sie, was ich Ihnen zeigen möchte? Solange der Drache allein ist, zeigt er eine gewisse Bereitschaft, die Dinge so zu sehen, wie sie sind. Er möchte nicht vorrangig Anerkennung, sondern genug zu essen. Wehe aber, seine Freunde kommen ins Spiel! Vorbei ist es mit der Vernunft. Plötzlich schaut der Drache nicht mehr auf sich selbst, sondern nur noch auf die anderen. Er möchte nicht mehr gut, er will nur besser sein.

Das Unglück der anderen ist nicht Ihr Glück

Was aber, so frage ich Sie, nützt es, wenn Sie zwar mehr verkaufen als ich, aber immer noch zu wenig zum Leben haben? Wieso dann diese Freude?

Von genau diesem Phänomen lebt mittlerweile eine ganze Industrie. Schließlich geht es uns besser, wenn wir wissen, dass es anderen noch schlechter geht. Jeden Tag sehen wir in den Nachrichten, welche Katastrophen es auf der Welt gibt, unter welchen entsetzlichen Umständen andere Menschen leben müssen und wie schlimm das Leben sein kann.

Auf den Titelseiten von Illustrierten lesen wir begierig vom Unglück anderer, oft prominenter, reicher und einstmals erfolgreicher Menschen. Denn auch wenn unser eigenes Leben vielleicht alles andere als perfekt ist, wie klein ist unser Unglück doch im Vergleich zu dem der anderen? Oder, um es mit einem indischen Sprichwort zu sagen: »Ich weinte, weil ich keine Schuhe hatte. Bis ich einen sah, der hatte keine Füße.« Warum aber, so frage ich Sie, nehmen viele Menschen durchaus veränderbare Dinge als gegeben hin, nur weil es anderen vermeintlich schlechter geht? Und was wäre, wenn alle diese Geschichten gar nicht wahr sind?

Selbstverantwortung übernehmen heißt handeln

Solange der Drache nicht gezähmt ist, ist er faul. Das ist besonders dann schlimm, wenn es uns nicht bewusst ist. Lässt man ihn nämlich machen, was er möchte, tut er am liebsten gar nichts. Statt eine Situation dahingehend zu ändern, dass sie uns glücklich macht, schöpft der Drache lieber seine Kraft aus dem Bedauern. Solange es anderen noch schlechter geht, sieht er auch gar keinen Grund, uns zum Handeln zu bewegen.

An dieser Stelle beginnt nun die Strategie der Selbstverantwortung. Unser Drache muss lernen, dass wir nicht »die anderen« sind. Wenn sich die »anderen« dafür entscheiden, unglücklich zu sein, dann ist das deren Sache und am Ende auch deren Verantwortung. Wenn aber Sie sich dazu entscheiden, unglücklich zu sein, dann ist das Ihre Sache und am Ende auch Ihre Verantwortung. Wenn Sie sich aber, wovon ich einmal ausgehe, dafür entscheiden, mit Hilfe Ihres Drachen glücklich zu sein, dann müssen Sie auch selbst die Initiative ergreifen. Sie müssen wirklich bereit sein, das Unglücklichsein gehen zu lassen. Auch wenn es vielleicht etwas eigenartig klingt, weil ja vermeintlich jeder glücklich sein möchte, wissen Sie sicher aus eigener Erfahrung, dass dem nicht wirklich so ist.

> *»Und aus dem Chaos«, sagt ein altes Sprichwort,*
> *»sprach eine Stimme zu mir: ›Lächle, und sei froh. Es könnte*
> *schlimmer kommen.‹ Und ich lächelte und war froh.*
> *Und es kam schlimmer.«*

Ich habe viele Menschen getroffen, die es bevorzugt haben, unglücklich zu sein. Vielleicht hat das mit der Meinung zu tun, dass Glück immer etwas Kurzlebiges, etwas Vergängliches ist. So scheint es leichter, am Unglücklichsein festzuhalten, das offenbar immer verfügbar ist. Das hat nichts mit positivem Denken zu tun und auch nicht mit der Frage, ob das Glas halb voll oder halb leer ist. Glücklich zu sein ist genauso eine Lebenseinstellung wie unglücklich zu sein. Nur, dass das zweite wohl für den Drachen bequemer ist.

Ich habe Ihnen in der Einleitung gesagt, dass Ihr Denken Ihnen die beste aller Welten erschaffen kann. Wenn Sie es denn wollen. Sie dürfen aber nicht vergessen, dass das Denken nur ein Werkzeug ist. Ich habe einmal den interessanten Vergleich gelesen, dass man die Möglichkeit, mit seinem Denken alles zu erschaffen, mit einer Bestellung bei einem Versandhaus vergleichen kann. Genau das bringt nämlich das Problem auf den Punkt. Möchten Sie in einem Versandhaus etwas bestellen, müssen Sie ganz genau wissen, welches Produkt denn geliefert werden soll. Nur anzurufen und zu sagen, »Ich hätte gerne etwas Schönes bestellt«, reicht da nicht. Sie kämen andererseits aber wohl auch nicht auf die Idee, sich Werkzeug zu kaufen, es zu besitzen und zu hoffen, dass da schon etwas Schönes damit werden wird, oder? Nun scheitert das Glück vieler Menschen aber genau daran, dass diese gar nicht wissen, wie ihr persönliches Glück denn eigentlich aussieht.

Seinen Drachen als Werkzeug nutzen

Natürlich, Sie wären auf ewig glücklich, wenn nur dieses oder jenes wäre oder Sie dieses oder jenes hätten. Aber ganz ehrlich, ist das wirklich so? Suchen Sie in Ihrer Erinnerung nach einer Situation, in welcher Sie geglaubt haben, Ihr ganzes Glück hinge von einer Sache ab, die dann auch eingetreten ist. Das kann ein Lottogewinn sein, der Traumpartner, eine Kreuzfahrt oder das neue Auto. Wichtig ist nur, dass Sie der Meinung waren, dass genau dies der Schlüssel zum absoluten Glück wäre und dass Sie diesen nachher auch in Händen gehalten haben. Haben Sie etwas gefunden? Sehr gut. Und wie sieht es jetzt mit dem Glück aus? Ist dies wirklich der Schlüssel gewesen? Ich fürchte, nein.

Zu Beginn dieses Kapitels habe ich Ihnen gezeigt, dass Sie in der Welt Ihrer Gedanken allein sind. Weil nun niemand dorthin vordringen kann, kann Ihnen auch keiner bei Ihrer Bestellung behilflich sein. Das Versandhaus hat zwar einerseits keinen Katalog, kann Ihnen aber andererseits jede Ware liefern, die Sie sich nur denken können. Doch solange Sie nicht bereit sind, sich dieses Umstandes bewusst zu werden und Ihre Wünsche auch ausdrücklich zu formulieren, werden die Bestellungen andere nach deren Geschmack aufgeben: der Drache und seine besten Freunde. Die »anderen«.

BEI SICH
SELBST ANKOMMEN

Wenn Sie für irgendetwas auf der Welt wirklich Verantwortung tragen, dann für sich selbst und Ihr Leben. Sind Sie bereit, diese zu übernehmen?

Wer sind Ihre »anderen«?

....

Wer ist der wichtigste Mensch in Ihrem Leben?

....

Wer könnte für Ihr Leben die Verantwortung übernehmen?

....

Wer sagt Ihnen, wie Sie es leben sollen?

....

Was fehlt Ihnen zum absoluten Glück?

....

Warum ist es noch nicht bei Ihnen?

....

Gibt es etwas, das Sie stört in Ihrem Leben?

....

Wann werden Sie es ändern?

....

Es ist müßig,
über vergossene Milch zu klagen.
(aus China)

3. Die Strategie der Bedingungslosigkcit

*Die meisten Menschen machen das Glück
zur Bedingung. Aber das Glück findet sich nur ein,
wenn man keine Bedingungen stellt.
(Arthur Rubinstein)*

Erkenne, dass du manches einfach nicht ändern kannst.

Ein bisschen ist der Drache uns Menschen ja ähnlich. So zählen drei Dinge zu seinen Lieblingsbeschäftigungen: sich auszuruhen, die Dinge sein zu lassen, wie sie sind, und, wie könnte es anders sein, zu essen. Und wer gerne isst, der hat meist auch eine Lieblingsspeise. So auch der Drache. Ginge es nach ihm, er würde sich ausschließlich von dieser ernähren. Sie haben keine Idee, was Ihr Drache gerne isst? Ich will es Ihnen sagen.

Die Leibspeise fast aller Drachen ist das Wort »wenn«. Dieses Wort schmeckt offenbar so gut, dass sich die Drachen darauf stürzen, wann immer sie es bekommen können. Das Problem daran ist nun, dass diese »Wenns« sehr kalorienreich sind und den Drachen immer träger machen. Und selbst, falls es nur leichte »Wenns« sind, es ist die Menge, die es ausmacht. Sie können sich gar nicht vorstellen, wie viele »Wenns« so ein Drache am Tag zu essen bekommt!

Ich kenne Menschen, die füttern ihn alle zehn, nein, alle fünf Minuten mit einem neuen »Wenn« und wundern sich, warum er so dick und so träge ist. »Wenn nur dieses und jenes wäre …«, »Wenn ich nur das und das könnte …«, »Wenn ich einmal so und so bin …«. Der Drache isst und isst und isst.

Ich glaube, schaffte man das Wort »wenn« in irgendeiner Sprache der Welt ab, Millionen von Drachen würden verhungern. Doch woraus besteht diese Delikatesse eigentlich? Und warum ist sie so gefährlich?

Erkennen Sie die Energieräuber

Das Schlimme an dem kleinen Wort »wenn« ist, dass es uns sehr viel Kraft nimmt. Kraft, die dann für andere, wichtige Dinge nicht mehr da ist. Sie haben im ersten Kapitel gesehen, dass wir unsere Wirklichkeit nach den eigenen Wünschen selbst schaffen können. Das ist natürlich mit einer gewissen Anstrengung verbunden, aber diese wird dafür belohnt.

Ganz anders verhält es sich mit der »Wenn«-Realität. Natürlich darf man träumen, darum geht es nicht. Aber wenn Sie ganz ehrlich sind, müssen Sie wohl zugeben, dass die wenigsten »Wenn«-Träume dazu gedacht sind, jemals realisiert zu werden.

Es ist wichtig, zu verstehen, dass es hauptsächlich wir selbst sind, die unseren Drachen so lange mit eben diesen Worten füttern, bis dieser sich nicht mehr bewegen kann. Eine der wichtigsten Beilagen zu diesem Gericht, die dem Drachen mindestens genauso gut schmecken, sind Sätze wie: »Ich würde ja so gerne …«

Nehmen Sie sich bitte kurz Zeit, einen Stift und ein Blatt Papier und lassen Sie Ihren bisherigen Tag Revue passieren. Wie oft wäre heute etwas anders gewesen, was hätten Sie nicht alles getan, wenn nur ... Für jedes »Wenn«, das Sie bis hierher angesammelt haben, machen Sie auf dem Papier einen Strich. Wundern Sie sich noch, dass Ihr Drache so dick ist? Und jetzt denken Sie bitte darüber nach, warum diese »Wenns« eben »Wenns« sind und nicht »So ist es«, und welche davon Sie umwandeln können. Die anderen sind unbrauchbar. Vergessen Sie sie, sie brauchen nur Platz.

Ich kenne Menschen, die können sich stunden- und oft tagelang mit »Wenn-einmal-das-und-das«-Träumen beschäftigen, ohne auch nur ansatzweise auf die Idee zu kommen, dass für das Erreichen ihrer Ziele niemand anderer zuständig ist als sie selbst.

Haben Sie sich eigentlich schon jemals überlegt, wie viel diese Lieblingsspeise des Drachen kostet? Es wird Ihnen wahrscheinlich bekannt sein, dass Gedanken durch Energie entstehen. Stellen Sie sich einmal vor, diese würde ganz ähnlich abgerechnet wie, sagen wir einmal, Strom. Jeder unnütze »Wenn«-Gedanke wäre dann nicht nur verloren, sondern würde bares Geld kosten. Ich traue mich zu sagen, dass Sie in diesem Fall viel überlegter mit der kostbaren Ressource Ihrer Gedanken umgehen würden.

Sind Sie bei mir? Dann will ich Ihnen etwas sagen: »Wenn«-Gedanken sind tatsächlich nicht kostenlos. Wir bezahlen Sie vielleicht nicht jedes Mal direkt mit Geld, immer aber mit Lebensfreude und Lebensqualität. Ertappen Sie sich auch manchmal dabei, dass Sie darüber nachdenken, oder schlimmer noch, sich darüber ärgern, warum Umstände nicht so sind, wie sie Ihrer Meinung nach eigentlich sein sollten? Hand aufs Herz: schon öfter, oder? Ändern Sie aber mit Ihrem Ärger irgendetwas, außer dass Sie sich selbst Freude nehmen? Manche Dinge sind, wie sie sind, und das können nicht einmal Sie ändern.

Stellen Sie sich zum Beispiel vor, Sie haben sich schon seit vielen Wochen auf ein Grillfest gefreut. In Gedanken sehen Sie sich schon bei strahlendem Sonnenschein mit Freunden zusammensitzen und die Zeit genießen. Doch als der große Tag dann endlich da ist, geschieht das Unerwartete. Entgegen den guten Vorhersagen im Wetterbericht beginnt es plötzlich in Strömen zu regnen. Eigentlich sollte es doch schön sein! Der ganze tolle Nachmittag scheint verpatzt. Wie reagieren Sie? Marie von Ebner-Eschenbach hat einmal geschrieben: »›Und ich habe mich so gefreut!‹, sagst du vorwurfsvoll, wenn dir eine Hoffnung zerstört wurde. Du hast dich gefreut – ist das nichts?«

Den Drachen unter Kontrolle bringen

Ich muss Ihnen leider sagen, dass es gar nicht so einfach ist, den Drachen dazu zu bewegen, wieder abzunehmen. Selbst wenn er dick ist und sich nur schlecht bewegen kann, er fühlt sich trotzdem wohl. Dass ihm das Abnehmen schwerfällt, hat aber wohl auch damit zu tun, dass er regelmäßig von vielen anderen Menschen gefüttert wird, die großes Interesse daran haben, dass er dick bleibt.

Vor einiger Zeit habe ich im Radio eine Sendung gehört, bei der es ums Einkaufen für Weihnachten ging. Das Ziel der Sendung war es offensichtlich, die Drachen zuerst gierig und dann schläfrig und unaufmerksam zu machen. Das Prinzip dahinter war zwar simpel, aber offensichtlich nicht ganz einfach zu durchschauen. Jeder, der die Rechnung seiner Einkäufe der letzten Woche an den Radiosender schickte, hatte die Möglichkeit, die ausgegebene Summe komplett wieder zurückzuerhalten. Aus allen Einsendungen wurde nämlich ein Glücklicher gezogen, der sozusagen umsonst eingekauft hatte.

Bevor Sie nun weiterlesen, überlegen Sie bitte, was das alles mit der Lieblingsspeise der Drachen zu tun hat und wie es möglich war, damit Profit zu machen. Haben Sie eine Antwort gefunden?

Ohne dass Sie selbst etwas davon merken,
frisst der Drache mit großer Freude anderen aus der Hand.

Versetzen Sie sich einmal in die folgende Situation. Sie wissen, dass Sie bei einem Gewinnspiel Ihre gesamte Einkaufssumme zurückgewinnen können. Egal, wie viel oder wie wenig Sie ausgeben – sollten Sie der Gewinner sein, erhalten Sie alles zurück.

Nun erwacht der Drache. »Dir ist aber schon klar, was das im schlimmsten Fall bedeutet, oder? Stell dir vor, du bist der Gewinner. Ja, warum nicht? Irgendwen müssen sie ja ziehen, warum solltest du nicht auch einmal Glück haben! Du könntest also 500 oder auch 1000 Euro zurückbekommen. Du könntest also, sagen wir es anders, für 1500 Euro kostenlos einkaufen. Stell dir vor, der Gewinner wird gezogen und du hörst im Radio deinen Namen! Aber was hast du getan? Du warst natürlich sparsam und hast nur 50 Euro ausgegeben. Und statt vielleicht 2000 Euro bekommst du

eben genau diese 50. Willst du das wirklich? Außerdem
warst du doch letztes Jahr ohnehin so sparsam bei den Ge-
schenken …«
Ob Sie bei dem Glücksspiel dann tatsächlich gewinnen,
steht in den Sternen. Sicher ist nur, dass Sie eine Menge
mehr Geld ausgegeben haben, als Sie eigentlich wollten.
Und dass Sie sehr wahrscheinlich damit nicht der Einzige
sind. Die Methode scheint jedenfalls profitabel zu sein, wird
sie doch von immer mehr Firmen angewandt. Achten Sie
einmal darauf. Doch zurück zum Drachen und seinem Essen. Dieses hat nämlich noch andere Nebenwirkungen. Das
wirklich Schlimme am Wort »wenn« ist nämlich, dass es
Sie fast augenblicklich unglücklich macht. Egal, in welchen
Sphären Sie in der Welt Ihrer Gedanken gerade schweben,
ein einziges »Wenn« befördert Sie im selben Moment zurück auf den Boden. Mit fast berechenbarer Sicherheit. Ich
will Ihnen ein Beispiel geben.

Dem eigenen Standpunkt treu bleiben

Angenommen, Sie möchten mir die Ware X verkaufen, deren wirklichen Wert Sie nicht kennen. Auf meine Frage
hin nennen Sie mir also jenen Preis, den Ihnen diese Ware
wert zu sein scheint. Anders ausgedrückt sagen Sie mir, wie
viel Geld ich Ihnen für diese Sache geben müsste, damit Sie
glücklich sind. Es kommt jetzt nicht auf die Höhe des Be-
trages an, sondern allein darauf, dass Sie der Meinung sind,
mit diesem Preis ein gutes Geschäft zu machen. Wir einigen uns also, und das Ding wechselt den Besitzer.
Ob Ihre Zufriedenheit mit dem erzielten Preis nun anhält,
hängt jetzt zu einem großen Teil von meiner Reaktion ab.

Nehme ich den Gegenstand mit dem ernsten Gesicht eines Menschen, der soeben einen Preis gezahlt hat, der an der Grenze dessen ist, was er sich zu leisten bereit war, wird Ihr Drache weiterschlafen.

Ganz anders sieht die gleiche Situation aber aus, wenn ich Ihnen zu verstehen geben, wie sehr ich mich freue, die Ware so günstig erstanden zu haben. Und dass ich gestern fast woanders viel mehr bezahlt hätte. Möchte ich nun Ihren Drachen so richtig zum Toben bringen, füge ich noch hinzu, dass nicht einmal der Preis, sondern ein Lieferengpass der Grund war, warum ich gestern nicht gekauft habe.

In Ihrem Kopf geht es nun los. »Wenn ich das gewusst hätte! Das wäre ja mehr als der doppelte Preis gewesen! Ich meine, ich hätte es ja nicht ganz so teuer verkaufen müssen, aber selbst wenn ich das Doppelte verlangt hätte, wäre ich noch billiger gewesen und er hätte es gekauft. Was bin ich für ein Idiot! Das ist nämlich eine ganze Menge Geld, und wenn ich die auch noch hätte, könnte ich mir noch neue ...«

Darf ich Sie bitten, sich kurz zu überlegen, warum Sie so plötzlich mit der erhaltenen Summe nicht mehr zufrieden sind? Falls Sie jetzt meinen, dass es ja möglicherweise doch um eine Menge Geld geht, das Sie da verloren hätten, wie war das noch einmal mit Tatsachen und Wirklichkeit? Tatsache ist jedenfalls, dass eine Sache, die Sie ohnehin nicht mehr ändern können, Sie noch eine lange Zeit begleiten wird.

Dabei ist die soeben beschriebene Situation noch vergleichsweise harmlos. Es gibt Menschen, die sich ein ganzes Leben lang überlegen, wie die Dinge verlaufen wären, hätten sie nicht diesen oder jenen Fehler gemacht. Sie sind dabei so stark in der Vergangenheit verhaftet, dass das Leben der

Gegenwart Stunde um Stunde an ihnen vorbeizieht. Erinnern Sie sich noch, dass ich Ihnen bei der Strategie der eigenen Wirklichkeit gesagt habe, dass Ihre Gedanken Ihnen jederzeit einen Besuch in der Hölle ermöglichen? Der Weg dorthin führt über Gänge, deren Wände ausgepflastert sind mit der Lieblingsspeise des Drachen.

Es geht hier übrigens nicht darum, dass man nicht ein schlechtes Gewissen haben, etwas bedauern oder auch etwas bereuen soll. Das hat nicht nur seine Berechtigung, sondern ist eine durchaus wichtige Kontrollfunktion. Wie sonst sollten wir im Leben lernen, wären wir nicht in der Lage, zu erkennen, dass Dinge falsch sind?

Der Drache als lähmender Bedenkenträger

Von dem Wort »wenn« geht aber noch eine ganz andere Form von Gefahr aus. Es lähmt den Drachen. Sobald Sie nämlich beginnen, ihn damit zu füttern, will er immer mehr davon. Der Drache ist wie erstarrt und kann an nichts anderes mehr denken als ans Essen. Er sitzt dick und träge herum und wartet auf Nachschub.

Wenn ich verhindern möchte, dass jemand die Kraft seiner Gedanken nutzt, muss ich nur seinen Drachen verführen.

Auch das können natürlich andere ausnutzen. Und das geht so: Sie haben beschlossen, die sehr schlecht bezahlte Arbeit in einem Unternehmen aufzugeben. Seit Jahren schon gibt es Probleme mit dem Urlaub, ständig werden Überstunden angeordnet, und Sie sind mit der Situation generell sehr unzufrieden. Gleichzeitig haben Sie erkannt, dass Sie mit Ihrem Können und Wissen sehr einfach in eine Firma wechseln könnten, die nicht nur mehr Geld, sondern auch viel bessere Dienstzeiten und ein angenehmeres Arbeitsklima bietet. Bei einem Vorgespräch hat auch der Chef schon großes Interesse an Ihnen gezeigt, und alles scheint zu klappen. Vor Ihrem geistigen Auge sehen Sie sich nun schon an Ihrem neuen Schreibtisch sitzen, am Nachmittag Ihre Freizeit genießen, und Sie überlegen auch schon, wie Sie den großzügigen Urlaub verbringen werden. Mit anderen Worten: In Gedanken sind Sie schon vom alten Unternehmen weg. Und Sie wären es wohl auch bald körperlich. Wären da nicht der Drache und jene, die ihn füttern.

Hören Sie die Leute reden? »Ich will mich da ja nicht ein-

Selbst wenn der Drache manchmal durchaus nichts gegen Veränderung hätte – wenn es dann darauf ankommt, findet er tausend Gründe, warum es besser ist, jetzt liegen zu bleiben und nichts zu tun.

mischen, aber hast du dir schon überlegt, was passiert, wenn das nicht so klappt, wie du es dir vorstellst? Ich meine, natürlich würden wir uns alle gerne verbessern, aber was ist, wenn dann doch jemand anderer deine Stelle bekommt? Du gibst jetzt deinen festen Posten auf und dann stehst du ganz ohne Sicherheit da. Natürlich, wenn das andere etwas würde, wäre es toll, aber was tust du, wenn nicht?«

Stimmt, denken Sie. Besser ein schlechter, aber sicherer Job als gar keiner. Habe ich Ihnen schon gesagt, dass der Drache träge ist? Und er freut sich über jedes Argument, das seine Haltung bestätigt. Gerade an diesem Beispiel kann man sehr schön sehen, dass es am Ende nicht Tatsachen sind, die Änderungen verhindern, sondern dass es ganz allein der Drache selbst ist.

Falls Sie mir jetzt widersprechen wollen, warten Sie bitte noch kurz. »An die Stützen, die wir wanken fühlen«, hat die Schriftstellerin Marie von Ebner-Eschenbach einmal gesagt, »klammern wir uns doppelt fest.« Und das gilt auch für unseren Drachen. Was das mit der obigen Situation zu tun hat? Der Irrglaube, dass Dinge zumindest so bleiben, wie sie sind, wenn wir sie nur ertragen und nichts ändern.

Ich erinnere mich noch gut daran, dass vor einigen Jahren eine große Fabrik in meinem Land geschlossen werden sollte. Die Geschäftsführung begründete das damit, dass in einem Nachbarland die Produktion um einiges günstiger möglich sei. Da von der Schließung sehr, sehr viele Arbeitsplätze betroffen gewesen wären, wurde fieberhaft nach einer Möglichkeit gesucht, das Werk an diesem Standort zu erhalten. Obwohl das Ende der Geschichte eigentlich von Anfang an abzusehen war, erkannten die Angestellten offensichtlich nicht die Notwendigkeit, sich sofort nach einer neuen Stelle umzusehen, da ihnen der Arbeitsplatz in der Fabrik immer noch sicherer erschien. Doch der Reihe nach.

Nachdem die Werksleitung deutlich gemacht hatte, dass nichts anderes als die unzureichenden Konzerngewinne das Problem waren, unterbreiteten die Angestellten folgenden Vorschlag: Um Kosten zu sparen, würden sie nicht nur billiger arbeiten und kostenlose Überstunden machen, sondern auch auf einen Teil ihres Urlaubs verzichten. Die Geschäftsführung nahm das Angebot natürlich mit Freude an. Schließlich hätte es ja auch anders kommen und alle

Arbeitnehmer hätten bereits am nächsten Tag in einen un-befristeten Streik treten können. Dann wäre die Firma wohl vor sehr großen Problemen gestanden, hätte sie doch nicht mehr liefern können. Die Drachen der Arbeiter wa-ren aber träge und meinten, wenn sich jemand traue, gegen die Firmenleitung aufzubegehren, würde derjenige wohl umgehend seinen Posten verlieren. Also lieber weniger Geld, aber das dafür sicher.

Es kam, wie es kommen musste. Denn selbst wenn die Ar-beiter für das halbe Geld gearbeitet hätten, wäre die Produk-tion noch immer teurer gewesen als im Nachbarland. Am Ende wurde das Werk geschlossen. Die einen hatten nun alles gewonnen und die anderen alles verloren. Was gewesen wäre, hätten die Arbeiter anders reagiert? Ich weiß es nicht. Es gibt kein »Wenn«.

Danken – für alles, was gelang und schön war

Es ist also ganz wichtig, den Drachen wieder auf sein Normalgewicht zurückzubringen. Das geht aber nur, wenn Sie ihm dabei helfen. Auch ein übergewichtiger Mensch, der den Vorsatz hat, abzunehmen, ist oft auf die Hilfe sei-ner Umgebung angewiesen. Wir müssen ihn immer wieder daran erinnern, dass es eben in diesem Moment nichts zu essen gibt. Genauso müssen wir auch unseren Drachen mahnen: »Nein! Es gibt jetzt kein Wenn!«

Am Anfang müssen wir das ständig sagen. Einmal reicht da nicht. Man nimmt ja auch nicht an einem Tag fünfzig Kilo ab. Jedes Mal, wenn der Drache Sie nun dazu bringen möchte, ihn wieder zu füttern, wenn er möchte, dass Sie ihm neue »Wenns« zubereiten, dann stoppen Sie ihn. Es gibt kein »Wenn«. Damit der Drache also schlank wird, müssen wir ihm zuerst das kalorienreichste Futter entziehen: die »Wenn-ich-das-hätte«-Sätze. Der beste Weg dorthin ist es, die Sache einfach umzukehren. Nicht ständig zu überlegen, was wir alles nicht haben, sondern zur Ruhe zu kommen, und uns einmal bedanken für alles, das es in unserem Leben gibt.

Ich habe mir zur Gewohnheit gemacht, jeden Abend vor dem Einschlafen den Tag noch einmal kurz passieren zu lassen und ganz bewusst danke zu sagen für alles, was schön war, für alles, was ich bekommen habe, und für alle Wünsche die in Erfüllung gegangen sind.

Darf ich Sie bitten, sich den gestrigen Tag noch einmal in Dankbarkeit ins Gedächtnis zu rufen? Was war gut, was war schön? Was macht Sie zu einem privilegierten Menschen? Was hat den gestrigen Tag lebenswert gemacht? Wenn nun Ihr Drache ganz laut »aber« schreien und von alledem berichten möchte, das nicht den Vorstellungen entsprochen hat: Bringen Sie ihn zum Schweigen. Erkennen Sie, wie viel wunderbares Leben wir achtlos vorüberziehen lassen?

Es scheint in der Natur des Drachen zu liegen, dass er Dinge, die ihm nicht gefallen, viel intensiver wahrnimmt als jene, die ihm Freude machen. Und es liegt nur an Ihnen, genau dieses Verhalten zu ändern. Beginnen Sie damit jetzt.

Die Dinge annehmen, wie sie sind

Auch wenn es vielleicht so klingt, die Aufforderung zur Dankbarkeit ist, wie schon gesagt, keine Anleitung zum sogenannten »positiven Denken«. Die Strategie der Bedingungslosigkeit lehrt uns, dass wir auch das für uns Nicht-so-Gute zulassen und als das annehmen müssen, was es ist. Ich muss Ihnen nämlich ehrlich gestehen, dass ich mit der Idee, das Negative einfach wegzudenken, ein Problem habe. Erstens deshalb, weil ich kein Freund von Wertungen bin. Ich habe weiter oben die berühmte Frage angesprochen, ob ein zur Hälfte mit Wasser gefülltes Glas nun halb voll oder halb leer ist. Je nachdem, welche Antwort Sie nun geben, wird man Sie als positiv oder negativ denkenden Menschen ansehen. Tatsächlich sind aber beide Antworten nur von einer Wertung abhängig, denn genau genommen kann es gar kein halb leeres Glas geben. Es wurde einzig die obere Hälfte des Wassers durch Luft ersetzt, und die Frage erübrigt sich somit. Denn das Glas ist immer voll.

Das Leben ist nun einmal nicht so, dass Dinge verschwinden, nur weil wir wegschauen und so tun, als gäbe es sie nicht.

Ich glaube ganz im Gegenteil, dass es unglaublich wichtig ist, auch das in Demut zuzulassen, was wir als nicht gut empfinden, und nicht krampfhaft zu versuchen, wegzudenken, was uns nicht passt. Schließlich können wir nur ändern, was wir auch bereit sind anzunehmen, und nicht, was wir verleugnen.

Wie schon weiter oben gesagt, sind manche Dinge nämlich einfach, wie sie sind. Klingt komisch, ist es aber nicht. Habe ich zum Beispiel ein Loch in der Hose, das mich stört, muss ich es zunächst akzeptieren. Nicht darüber jammern, aber auch nicht so tun, als gäbe es das Loch nicht. Nur so werde ich zu einem Schneider gehen und das Problem beheben lassen. Auch wenn ich krank bin oder etwas mir Wertvolles verloren habe, sind das Tatsachen.

Wir wären keine Menschen, könnten oder sollten wir mit der Kraft unserer Gedanken alle Emotionen wie Freude oder Traurigkeit komplett eliminieren. Ich glaube also nicht, dass es irgendeinen Sinn macht, in allem Schlechten unbedingt etwas Gutes sehen zu müssen. Wichtig ist vielmehr, dass wir lernen, mit Umständen und Situationen, die uns belasten, bewusst umzugehen, und uns selbst in jeder Situation die Freiheit geben, alles so anzunehmen, wie es wirklich ist.

Die Vorurteile des Drachen bezähmen

Wer lernen möchte, die Strategie der Bedingungslosigkeit mit all ihrer Macht anzuwenden, der muss auch lernen, ohne Widerspruch und ohne Wertung zuzuhören. Das ist für viele schwieriger, als es jetzt vielleicht klingt. Denn gerade wenn es darum geht, etwas von anderen Menschen anzunehmen, ist der Drache immer sofort hellwach und in jedem Augenblick bereit zur Gegenwehr. Selbst wenn diese oft völlig sinnlos ist.

Ein Kollege, der Seminare für Manager abhält, die oft an der Spitze großer Unternehmen stehen, hat mir einmal Folgendes erzählt. »Die meisten Teilnehmer meiner Workshops sind Menschen, die ein Studium absolviert haben und daher meinen, sie wären gebildet. Um diese nun zum Denken zu bewegen, lege ich im Laufe des Seminars eine Folie auf den Projektor, deren unterste Zeile ich abdecke. Die Teilnehmer bekommen nun den folgenden Satz zu lesen, als wäre er eine Aussage von mir: ›Willst du etwas

wissen, so frage einen Erfahrenen und keinen Gelehrten.‹
Üblicherweise entsteht an dieser Stelle eine große Diskussion. Diese betrifft allerdings neben dem Inhalt auch die Frage, wie ich so etwas behaupten könne. Nach einiger Zeit decke ich nun auch die letzte Zeile auf, und die Leute erfahren,
dass dieses Zitat dem großen chinesischen Philosophen Lao-
tse zugeschrieben wird. Es folgen Stille, großes Erstaunen
und plötzlich zustimmendes Nicken. Ja, wenn so jemand
das gesagt hat …«
Ich muss zugeben, dass auch ich oft Zitate von unten nach
oben gelesen habe. Damit will ich sagen, dass ich zuerst ge-
schaut habe, von wem ein Ausspruch stammt, ihn dann gelesen und ihn nicht nach dem Inhalt, sondern nach der Person
beurteilt habe, der er zugeschrieben wurde. Wir bewerten
also die gleiche Aussage anders, je nachdem, ob sie von einer
berühmten Person oder von jemandem kommt, dessen
Namen wir noch nie gehört haben. Wenn wir aber grundsätzlich mit der Aussage übereinstimmen und einen Nutzen
aus ihr ziehen können, was macht es dann für einen Unterschied, wer sie getätigt hat? Persönlich kennen wir schließlich beide Personen nicht.

Kritik als Chance zum Lernen begreifen

Ganz ähnlich verhält es sich auch mit Kritik. Ich kenne viele
Menschen, die dieser ausweichen, wo immer es möglich ist.
In Wirklichkeit ist diese Haltung vielleicht bequem, aber
alles andere als klug. Denn Kritik zu vermeiden, schwächt
nur uns selbst.
Wenn wir von einem anderen Menschen auf einen Fehler aufmerksam gemacht werden, dann ist dieser ja bereits

passiert. Wir können nun für uns selbst Rechtfertigungen finden, warum es sich hier um keinen Fehler, sondern um Absicht handelt. Oder wir können etwas daraus lernen und es beim nächsten Mal noch besser machen.

Nehmen wir an, Sie haben ein völlig neues Produkt entwickelt. Sie sind sehr stolz darauf und gehen davon aus, dass es den Markt revolutionieren wird. Doch schon nach kurzer Zeit kommen die ersten Beschwerden über Probleme mit der Handhabung. Das Gerät als solches kommt zwar sehr gut an, aber Kunden und Medien kritisieren die Bedienung. Genau diese ist es aber, die Sie für so revolutionär halten, weshalb die Kritik Sie kränkt. Warum aber nicht den Spieß umdrehen und Kritik als das verstehen, was sie wirklich ist? Als eine freundliche Bestellung für eine verbesserte Nachfolgeversion?

Bruce Lee, einer der größten Meister der Kampfkunst hat gesagt: »Wenn du kritisiert wirst, dann musst du irgendetwas richtig machen. Denn man greift nur denjenigen an, der den Ball hat.«

Wenn Ihnen also jemand sagt, dass ihm etwas an Ihnen, Ihrem Aussehen oder Ihren Handlungen nicht gefällt, dann nehmen Sie es einfach einmal an. Ohne Wenn und Aber. Werfen Sie es nicht sofort zornig zurück, sondern stellen Sie es wie ein Paket auf den Tisch, und packen Sie es ganz in Ruhe aus. Alles, das Ihnen nun brauchbar erscheint, behalten Sie. Und den Rest werfen Sie einfach weg. Egal, wie sehr der Drache danach weint.

DAS HIER
UND JETZT ANNEHMEN

Wenn Sie Ihren Drachen selbst großziehen möchten, müssen Sie vorher verstehen, wer da noch alles mitmischt. Diese Fragen unterstützen Sie dabei.

Welche Beilagen füttern Sie dem Drachen?

....

Von wem wird Ihr Drache noch gefüttert?

....

Warum lassen Sie das zu?

....

Wenn Sie in einer Sache nicht handeln, wer sollte es sonst tun?

....

Kann man irgendetwas auf dieser Welt wirklich rückgängig machen?

....

Gibt es eine Möglichkeit, etwas, das uns stört, aus unserem Leben zu entfernen?

....

Warum fühlen sich viele Menschen von Kritik gekränkt?

....

Man muss seine
Überlegenheit mit ständiger
Wachsamkeit erkaufen.
(Mark Twain)

4. Die Strategie der Wachsamkeit

Das beste Mittel, um getäuscht zu werden,
ist, sich für schlauer zu halten als andere.
(La Rochefoucauld)

Erkenne, dass nicht alles so ist, wie es dir scheint.

Vor einiger Zeit habe ich ein interessantes Gemälde gesehen, das Ihnen gefallen könnte. Den unteren Teil des Bildes bildete ein grüner Streifen, der so breit war, dass er das gesamte Bild und ungefähr ein Drittel der Höhe einnahm. Auf diesem Streifen waren kleine rote, gelbe und blaue Punkte zu sehen. Die obere Hälfte des Bildes war zur Gänze mit einem hellen Blau ausgemalt. Sehen Sie das Bild?

Das untere Drittel grün mit ganz kleinen bunten Punkten, der Rest oben hellblau. In dem blauen Bereich war nun ein kräftiger gelber Kreis zu erkennen und daneben unregelmäßig geformte weiße Flecken. Ein bisschen irritiert hat mich nur, dass der gelbe Kreis mit zwei schwarzen Strichen förmlich ausgekreuzt war. Der Maler hatte ihn also irgendwie durchgestrichen. Haben Sie eine Erklärung, warum er das getan haben könnte?

Versuchen Sie bitte, das Bild ganz bewusst im Kopf entstehen zu lassen, und überlegen Sie dann, welche Aussage es haben könnte. Unteres Drittel grün, oberes blau mit einem gelben Kreis. Sie meinen, der Künstler wollte damit zeigen, dass die Sonne bald für immer untergehen wird? Wäre doch eine Idee, oder? Aber welche Sonne? Falls vor Ihrem geistigen Auge gerade ein Landschaftsbild entstanden ist: Darf ich fragen, wodurch? Ich habe Ihnen lediglich ein Gemälde geschildert, das aus verschiedenen Farben besteht. Über den Inhalt des Bildes habe ich mich aber nicht geäußert. Den haben Sie auf meine Anweisung hin ganz allein konstruiert. Noch viel stärker kann man dieses Phänomen in Parks und Gärten demonstrieren.

Zeige ich in einem ungepflegten Garten auf ein hohes grünes Gewächs und frage Sie, was Sie erkennen, so werden Sie mir antworten, dass Sie einen Strauch sehen. Was auch sonst? Was aber, wenn eben jene Pflanze so beschnitten ist, dass sie die Form eines Tieres mit Rüssel hat?

Sie werden antworten: »Einen Elefanten natürlich!« Sie können aber gar keinen Elefanten sehen, weil es dort keinen gibt. Trotzdem sind Sie sicher, dass das so ist. Offenbar hängt das in Ihrem Kopf entstehende Bild nicht davon ab, was Sie wirklich wahrnehmen, sondern davon, was Sie zu sehen glauben oder was Sie sehen möchten.

Den Lagerraum des Drachen entrümpeln

Der Grund dafür ist der Übereifer unseres Drachen. Wie ein guter Butler versucht er, uns Wünsche von den Lippen abzulesen, und bringt augenblicklich Dinge vor unser geistiges Auge, die wir gar nicht angeordnet haben. Da er sie aber mit einer solchen Selbstverständlichkeit bringt, glauben wir, ihn auch dazu beauftragt zu haben.

Der Drache holt diese Dinge aus einem schwer zugänglichen Bereich unseres Denkens, dem sogenannten Unterbewusstsein. Vereinfacht gesagt handelt es sich hierbei um einen speziellen Lagerraum, den ausschließlich der Drache verwaltet. Das lassen wir zu, weil es uns einfach bequemer scheint. In diesem Bereich legt der Drache nun alles ab, was wir einmal als richtig erkannt haben und nicht jedes Mal aufs Neue überprüfen wollen. Das bedeutet übrigens nicht, dass wir die abgelegten Daten jemals auf Richtigkeit überprüft hätten! Wir haben sie lediglich als richtig akzeptiert. Wie in einer riesigen Bibliothek ist hier nun alles gespeichert, was wir für Fakten und Wahrheit halten. So übrigens auch die vermeintliche Tatsache, dass ein Bild mit einem grünen und einem blauen Streifen sowie einem gelben Kreis und weißen Flecken eine Landschaft mit Sonne und Wolken darstellt. Des Weiteren ist in diesem Bereich auch alles vermerkt, was wir über uns selbst und die Welt zu wissen glauben. Wie Sie später noch sehen werden, ist dieser Lagerraum der wichtigste Arbeitsbereich des Drachen. Und da dieser ja auch durchaus faul ist, versucht er, so wenige neue Informationen in diesen Bereich hereinzulassen wie nur möglich.

Nun ist aber unser Unterbewusstsein viel mächtiger, als wir glauben. Es kann uns alles ermöglichen, aber auch alles blockieren.

Jedes Mal, wenn Sie der Meinung sind, etwas nicht zu können, aber eigentlich nicht wissen, warum Sie das glauben, hat der Drache diese Information von genau dort geholt. In Wirklichkeit blockiert uns also oft nicht unser bewusstes Denken, sondern jener Bereich unserer Gedanken, den wir nur mit einer gewissen Anstrengung aufräumen können. Als mächtiger Torhüter zu diesem Raum verwaltet der Drache auch die Grenzen unserer Vorstellung.

Die Grenzen unserer Vorstellung

Ein interessantes Beispiel für diesen Umstand hat der Mathematiker David Hilbert erdacht. Er beschreibt uns die folgende Situation. Irgendwo in diesem Universum gibt es ein riesiges Hotel, welches über unendlich viele Zimmer verfügt. In jedem dieser Zimmer befindet sich eine Gegensprechanlage, so dass der Hotelier mit allen Gästen persönlich in Kontakt treten kann. In diesen unendlich vielen Zimmern wohnen nun unendlich viele Gäste. Das Hotel ist also voll. Da kommt ein Reisebus mit 40 weiteren Gästen, die sich der Hotelbesitzer natürlich nicht entgehen lassen möchte. Doch wo soll er diese nun unterbringen? Schließlich hat das Hotel zwar unendlich viele Zimmer, doch diese sind ja schon mit unendlich vielen Gästen belegt!

Bevor Sie jetzt weiterlesen, versuchen Sie bitte selbst eine Lösung zu finden. Diese hat weniger mit Mathematik zu tun als mit den Grenzen des Denkens. Fertig?

Im Grunde ist das Problem ja sehr einfach zu beheben. Der Hotelier fordert über die Gegensprechanlage alle Bewohner auf, 40 Zimmer weiterzuziehen. Der Gast aus Zimmer 1 übersiedelt also auf Nummer 41, der aus Nummer 2 auf 42 und so fort. Die 40 Neuankömmlinge werden problemlos untergebracht. Doch kaum haben diese ihre Zimmer bezogen, fährt auch schon ein neuer Bus vor. Dieser ist unendlich groß und bringt unendlich viele neue Gäste. Was soll der Hotelier tun, um diese nicht zu verlieren?

Er benutzt wieder einmal die Gegensprechanlage und bittet alle Bewohner in das Zimmer mit jener Nummer zu übersiedeln, die doppelt so hoch ist wie die aktuelle. Der Gast aus Zimmer 1 bezieht also Nummer 2, Nummer 2 übersiedelt auf 4 und 3 auf 6. Jeder der unendlich vielen Neuankömmlinge bekommt so ein Quartier, und der Hotelbesitzer kann sich über unendlich große Gewinne freuen. Wären Sie als Hotelier genauso geschickt verfahren?

Ich wollte Ihnen mit diesem Beispiel zeigen, dass die Grenze unseres Denkens auch die Grenze unserer Vorstellung ist. Das ist insofern problematisch, als wir nichts schaffen können, von dem wir uns nicht vorstellen können, dass es möglich ist.

Was der Drache nicht kennt, erkennt er nicht

Nehmen wir an, Sie hätten einen Wunsch frei. Es ist zwar nur ein einziger, aber es ist Ihre Sache, diesen zu gestalten. Was also wünschen Sie sich? Ist es Geld und Reichtum, ist es Gesundheit, Liebe oder etwas komplett anderes? Wenn Sie eine Antwort auf diese Frage gefunden haben, versuchen Sie bitte alle Grenzen in Ihrem Kopf zu beseitigen. Es ist Ihr Wunsch, und Sie müssen dabei weder an die anderen denken noch bescheiden sein noch sonst etwas. Sie können erhalten, was immer Sie möchten. Was wünschen Sie sich jetzt?

Ich persönlich wäre da ja ziemlich unbescheiden. Mein Wunsch wäre, beliebig viele Wünsche frei zu haben. Und den Rest würde ich mir dann in Ruhe überlegen. Falls Sie nun der Meinung sind, mein Wunsch wäre eine gute Idee, dann denken Sie bitte darüber nach, warum Sie nicht selbst darauf gekommen sind. Was genau hat Sie blockiert? Sie sehen, dass unser Denken sehr vorhersagbar in eine bestimmte Richtung geht, da der Drache in gleichen Situationen immer die gleiche Information aus dem Lagerraum bringt.

> *»Probleme«, hat der Physiker Albert Einstein gemeint,*
> *»kann man niemals mit derselben Denkweise lösen,*
> *durch die sie entstanden sind.«*

Und auch das Orakel von Delphi hat schon demjenigen die Herrschaft über die Welt vorausgesagt, dem es gelänge, den gordischen Knoten und ein damit als unlösbar geltendes Problem zu lösen. Und sollte mit dieser Vorhersage recht behalten. Als der Legende nach die Götter am Streitwagen des Königs Gordios die Deichsel untrennbar mit dem Zugjoch verbunden hatten, war es Alexander, den sie später den Großen nennen sollten, der den Strick mit seinem Schwert durchtrennte. Innerhalb kürzester Zeit wurde er zum Herrscher über die halbe Erde. So weit, so gut. Wir wissen nun, wie die Grenzen unseres Denkens entstehen. Aber wie können wir diese erweitern oder gar verschwinden lassen? Hierbei hilft uns die Strategie der Wachsamkeit. Es ist nämlich so, dass der Drache zwar ein strenger Wächter ist, was aber noch lange nicht heißt, dass nicht andere Menschen an uns vorbei etwas in diesen Lagerraum bringen können. In der Folge halten wir Dinge für wahr, die wir zwar nicht selbst als wahr erkannt, aber von anderen als überprüft übernommen haben. Mit anderen Worten, sehr oft sehen wir gar nicht, was wir selbst wahrnehmen wollen, sondern was andere uns sehen machen möchten. Sobald diese Information aber einmal an uns vorbeigeschmuggelt und dem Drachen zum Einsortieren übergeben wurde, akzeptieren wir sie als richtig und stellen sie nicht mehr in Frage. Alle unsere Entscheidungen und Urteile treffen wir nun auf Basis dieser ursprünglich fremden Information. Und nachdem, wie Sie ja schon gesehen haben, vorrangig fremde Menschen den Drachen füttern, hört er diesen besonders gerne zu.

Wen vertritt Ihr Drache?

Das Fatale ist aber, dass wir die Meinung der anderen plötzlich als unsere eigene Meinung zu erkennen glauben und jede Abwehr lahmgelegt ist.

Erinnern Sie sich noch an das Beispiel, bei dem Sie sich einen neuen Arbeitsplatz suchen wollten? Neulich habe ich zu diesem Thema ein interessantes Gespräch belauscht. »Ich werde jetzt einmal bei dieser anderen Firma anrufen und denen sagen, dass mich der Job interessiert. Die Anforderungen in der Stellenausschreibung treffen ja genau auf mich zu!« »Lass das«, sagte der Drache, »du kannst das nicht. Da gibt es viel bessere und gescheitere Leute als dich.« »Aber in der Ausschreibung steht doch ...« »Du kannst das nicht! Das hat doch dein Chef neulich auch gemeint!« »Aber ich habe doch diese Fortbildung gemacht und ...« »Das heißt gar nichts. Glaube mir. Wärst du für diesen Posten geeignet, du hättest ihn schon. Sei jetzt nicht unbescheiden. Sei lieber dankbar, dass man dich in deiner jetzigen Firma genommen hat ...« Gespräch beendet.

Ganz ähnlich verlief auch folgende Situation: »Ich glaube,

ich habe etwas ganz Neues erfunden!« »Lass das«, antwortete der Drache, »das gibt es schon. Und wenn es wirklich brauchbar wäre, hätte es schon längst jemand anders auf den Markt gebracht. Warum sollst ausgerechnet du der große Erfinder sein?« Sind Ihnen solche Gespräche bekannt? Und auch der Ausgang solcher Situationen? Nur für den Fall, dass dieser eigentlich gar nicht in Ihrem Sinne ist: Warum hören Sie dann auf den Drachen?

Wem es gelingt, etwas in unserem Unterbewusstsein einzulagern, der kommt in die Lage, unsere Gedanken und Vorstellungen zu kontrollieren und auch zu manipulieren.

In meinen Seminaren erzähle ich immer die Geschichte eines ungarischen Fotografen. Da die Menschen früher der Meinung waren, dass Europäer keine guten Fotos machen könnten, konnte dieser natürlich auch keine Bilder verkaufen. Dass das Problem wirklich in den Köpfen der Menschen und nicht an seinen Fotos lag, kann man daran sehen, dass er wenige Jahre später zu den berühmtesten Fotografen der Welt gehören sollte. Doch vorher war noch ein kleiner Trick nötig.

Endré Friedmann, so hieß der Fotograf, und seine Freundin hatten erkannt, dass man in der damaligen Zeit alles verkaufen konnte, solange es nur aus Amerika kam. Also erzählten sie ihren Kunden nicht mehr, dass sie die Bilder selbst gemacht hätten, sondern vielmehr, dass sie Mitarbeiter eines großen amerikanischen Fotografen seien. Ihre Aufgabe bestünde lediglich darin, die Bilder von Robert Capa in Europa zu vermarkten. Selbstverständlich hatten die Aufnahmen dadurch einen viel höheren Preis, den die Kunden aber gerne bereit waren zu bezahlen. Schließlich kamen die Bilder ja aus Amerika. Als eines Tages der Bluff von einem Journalisten aufgedeckt wurde, war Friedmann schon so gut im Geschäft, dass er fortan selbst als Robert Capa agierte. Und die Moral von der Geschichte? Hätten die Einkäufer bei den Zeitungen eine gewisse Wachsamkeit walten und sich nicht von vermeintlichen Informationen und Vorurteilen beeinflussen lassen, hätten sie dieselben Bilder um einiges billiger bekommen. Da aber die Medien der damaligen Zeit wohl genug Geld hatten und niemand zu Schaden gekommen ist, wollen wir Herrn Friedmann seinen Verdienst vergönnen.

Viel öfter geht so etwas aber leider anders aus. Ähnlich den Zitaten beurteilen wir nämlich auch Informationen und Empfehlungen unterschiedlich, je nachdem, woher sie kommen. Das wäre nicht weiter schlimm, wenn nur die Quelle der Information von uns selbst und nicht vom Drachen bewertet würde. Denn dass ein Universitätsprofessor für Orthopädie sich mit großer Wahrscheinlichkeit mit gesunden Schlafunterlagen auskennt, wird niemand bezweifeln. Dazu brauchen wir keinen Drachen und auch kein geheimes Lager.

Wir nehmen nur auf, was wir erwarten

Folgen Sie mir aber bitte kurz auf eine öffentliche Veranstaltung über Rückengesundheit. Gemeinsam mit Hunderten weiteren Gästen sitzen Sie in einem großen Saal. Gespannt warten Sie auf den angekündigten Vortrag des renommierten Orthopäden Univ.-Prof. Dr. Dr. O. Da kommt auch schon jemand. Ein vornehmer älterer Herr mit weißem Hemd, weißer Hose, weißen Schuhen und Kittel betritt das Rednerpult. Nach einer kurzen Einführung in die Materie empfiehlt er Ihnen eine zwar sehr teure, aber angeblich supergesunde, extrem rückenschonende Spezialmatratze, die Sie unter anderen Umständen als billige Plastikunterlage bezeichnet hätten. Sie müssen aber unbedingt etwas gegen Ihre Rückenprobleme tun und sind sehr interessiert. Und da wir tatsächlich nicht davon ausgehen müssen, dass Ärzte uns Plastikmatten als Gesundheitsunterlagen andrehen möchten, können Sie also beruhigt kaufen, oder? Schließlich hat der Vortragende sicher viele Jahre in der Forschung verbracht und wirkt sehr seriös.

Bevor Sie jetzt weiterdenken, eine kurze Frage. Wie schon gesagt, erscheint Ihnen die Matte eher billig und die Rechtfertigung für den hohen Preis ist einzig die Empfehlung durch einen Spezialisten. Anders gesagt, selbst wenn zum Beispiel Ihre Bürokollegen in höchsten Tönen von dem Teil geschwärmt hätten, Sie hätten es nie gekauft. Warum erwägen Sie es jetzt?

Vorher habe ich Ihnen gesagt, wer Informationen an Ihrem Denken vorbeibringt, der kann Sie manipulieren. Denn was wäre, wenn es sich bei dem Vortragenden gar nicht um den angekündigten Professor handelt? Sie haben lediglich gelesen, dass ein Arzt angekündigt sei. Darauf hat der Drache das passende Bild eines weißgekleideten Mannes gebracht, Sie haben es mit dem Vortragenden verglichen, es hat übereingestimmt, und – die Sache war für Sie erledigt.

Die Strategie der Wachsamkeit lehrt uns, möglichst alle Informationen zu überprüfen, bevor wir sie an den Drachen weitergeben, und auch jedes Mal, wenn wir sie von ihm bekommen.

Diese Wachsamkeit bedeutet, wie schon gesagt, anfangs viel Arbeit, ist gleichzeitig aber sehr wichtig, weil wir aus diesem Material unsere Gedankenwelt aufbauen. Außerdem ist es viel schwieriger, den Drachen zur Rückgabe falscher Ideen zu bewegen, als ihn diese erst gar nicht einräumen zu lassen. Auch hier ist nämlich die Macht des Drachen um vieles größer, als Sie denken. Vergessen Sie nicht: Alles, was Sie in Ihrem Unterbewusstsein gespeichert haben, werden Sie für die Wahrheit halten, und schlimmer noch, ungeprüft als Basis für Ihre weiteren Entscheidungen nehmen.

So haben wir zum Beispiel gelernt, dass die Aussagen mancher Menschen richtiger und wahrer sind als die anderer. Wenn Sie durch einen Arzt, ein Lexikon, einen Rechtsanwalt, einen Lehrer, einen Reiseführer oder einen Vorstandsvorsitzenden etwas über das Leben nach dem Tod erfahren und Ihr einfach wirkender Sitznachbar in der Straßenbahn meint, das genaue Gegenteil sei der Fall: Wem werden Sie glauben? Warum?

Das Vertrauen in »Autoritäten« und »Spezialisten«

Ein anderes Beispiel. Sie planen einen Besuch in der Stadt S und haben sich daher einen Reiseführer gekauft. In diesem wird Ihnen unter anderem auch ein bestimmtes Hotel empfohlen, das nicht nur als sehr gut beschrieben wird, sondern auch genau Ihrer Preisvorstellung entspricht. Sie beschließen also, in diesem Haus zu nächtigen.

In der Stadt angekommen, fahren Sie an die angegebene Adresse und finden dort – nichts. Zwar gibt es dort moderne Häuser, aber eben nichts, das wie ein Hotel aussieht. Sie überprüfen nochmals die Adresse in Ihrem Reiseführer, aber die stimmt.

Also fragen Sie einen Passanten nach eben diesem Hotel. Kopfschütteln. Ob es die Straße vielleicht zweimal gibt in der Stadt? Nein, gibt es nicht. Aber es steht doch im Reiseführer! Sie erfahren, dass der Passant zwar schon seit über zwanzig Jahren in dieser Gegend lebt, aber noch nie etwas von diesem Hotel gehört hat. Na ja, wie oft kennt man die eigene Stadt nicht! Also fragen Sie eine zweite und eine dritte Person, aber niemand weiß etwas von dem Hotel, das in Ihrem Führer so ausdrücklich empfohlen wird.

Wie reagieren Sie? Ich könnte mir vorstellen, Sie fahren zur Tourismusinformation und erkundigen sich dort. Nur um zu hören, dass Sie nicht der Erste sind, der dieses Haus sucht. Es dürfte ein Druckfehler sein oder sonst ein Irrtum. Das Haus gibt es einfach nicht.

Was denken Sie jetzt? Und warum waren Sie der Meinung, dass die Information aus dem Reiseführer richtiger sei als die Aussage eines Passanten?

Sobald das Lager einmal einen Grundstock hat, wird der Drache sehr wählerisch, welche Informationen er dort einsortiert. Alles, was nicht in die vorbereiteten Regale passt, wird entweder verworfen oder aber so umgeformt, dass es darin Platz findet.

Die von dem Drachen ohne unsere Kontrolle eingelagerten Informationen sorgen dafür, dass Menschen immer genau das hören, was sie hören wollen, und das sehen, was sie zu sehen erwarten. Sobald wir aber nicht wachsam sind, können andere Menschen auch auf diesem Weg unsere Meinung beeinflussen.

Umgekehrt kann das Wissen um diese Dinge auch Ihnen vieles erleichtern. Angenommen, Sie besuchen mich in meinem Fotostudio und lassen dort Aufnahmen anfertigen. Da Sie meine Arbeit nicht wirklich beurteilen können, wird Ihre Freude an den Bildern sehr stark von Ihrer Erwartung abhängen. Sie werden exakt die gleichen Aufnahmen anders beurteilen, je nachdem, in welche Richtung mein Drache Sie manipuliert. Mein Drache? Ja, mein Drache. Wer denn sonst? Warten Sie kurz.

Sie kommen also bei der Tür herein, um Ihre Fotos abzuholen. Übergebe ich Ihnen nun schöne Bilder mit den offensichtlich ehrlich gemeinten Worten: »Die sind ja wirklich toll geworden!«, was werden Sie dann erwarten? Gute Bilder, oder? Was aber, wenn mich der Drache an meinem eigenen Können zweifeln lässt? »Da sind Ihre Bilder. Ich denke, sie sind nicht so schlecht geworden, oder? Ich meine, für die Umstände sind sie doch wirklich ganz gut …« Welche Qualität erwarten Sie jetzt? Und beurteilen Sie dieselben Bilder jetzt anders?

Selbstbewusstsein ist keine Überheblichkeit

Wenn ich Menschen im Verkauf trainiere, dann empfehle ich Ihnen immer, den Kunden sinngemäß mit den Worten zu begrüßen: »Guten Tag, ich bin der Beste. Was kann ich für Sie tun?« Diese Aussage führt anfangs meist zu einem gewissen Unverständnis. Die Drachen regen sich. »Wie bitte kann ich der Beste sein, wenn es doch so viele gibt, die tausendmal besser sind als ich?«

Erinnern Sie sich noch an des Drachen beste Freunde? Der Beste zu sein hat nichts damit zu tun, besser zu sein als irgendjemand anderer. Sich als der Beste zu fühlen ist eine Sache im Kopf. Und ganz nebenbei eine Geste von Respekt gegenüber dem Kunden. Oder möchten Sie bei Ihrer Hochzeit meinen viertbesten Fotografen? Auf der anderen Seite ist der Drache oft so leicht zu begeistern, dass er in seinem Glück wichtige Dinge übersieht und Sie zu Fehlern treibt.

Ich erinnere mich noch gut an ein Gespräch mit einem lieben Freund, der einen großen Teil seines Lebens in einem dieser Länder verbracht hatte, in denen Reisen nur sehr eingeschränkt möglich waren.

Als das Volk aber dann gegen diesen Zustand aufbegehrte, erklärte die Regierung, dass jeder Bürger 14 Tage im Jahr das Land verlassen dürfe. Die Drachen jubelten über diese großzügige Veränderung. »Dann aber«, sagte mein Freund, »haben wir uns überlegt: Warum eigentlich nur 14 Tage? Warum sollten wir nicht immer ausreisen dürfen?«

Man muss das Normale staunend und den Wahnsinn in aller Ruhe betrachten. (Frédéric Beigbeder)

Eine ganz ähnliche Praxis gibt es übrigens auch im täglichen Geschäftsleben. Nehmen wir an, Sie möchten ein nicht funktionierendes Gerät innerhalb der gesetzlichen Gewährleistungsfrist umtauschen oder zurückgeben.

Leider, so erklärt aber der Geschäftsführer, sei dies aufgrund besonderer Bestimmungen der Herstellerfirma so nicht möglich. Sie sehen sich also schon mit einem Totalverlust konfrontiert. Welch ein Lichtblick also, als der Verkäufer sich dann freundlicherweise bereit erklärt, das Gerät gegen Gutscheine in Höhe des halben Nettopreises abzüglich einer kleinen Bearbeitungsgebühr zurückzunehmen!

Sie müssen nur hier die Verzichtserklärung unterschreiben, das ist reine Formsache, und das war es auch schon.

Der Drache ist überglücklich, wir bedanken uns für die Kulanz. Und erkennen erst viel später, dass wir gerade einen großen Fehler gemacht haben.

Sie haben jetzt gesehen, dass Ihr Drache eine Höhle bewacht, die voll ist von Schätzen, die aber auch viele sehr gefährliche Dinge enthält. Zutritt zu dieser Höhle hat nur der Drache, der uns immer das bringt, was er selbst für richtig hält. Solange er nicht unser Freund ist, wird er versuchen, uns jeden Einblick in sein Reich zu verwehren.

Um aber an die wahren Schätze zu gelangen und die Gefahren aus dem Lager entfernen zu können, müssen wir den Drachen zähmen. Mit dem Verständnis für seine Welt ist der erste Schritt einmal getan.

DEN DRACHEN SELBST FÜTTERN

Um Ihren Drachen zu zähmen, müssen Sie sein Denken und sein Verhalten verstehen. Die folgenden Fragen geben Ihnen einen konkreten Einblick.

Wie verhalten Sie sich, wenn die Verkehrsampel eines Tages auf blau umspringt?

....

Sind Sie der oder die Beste? Und warum?

....

Wie treibt Ihr Drache Sie aus falscher Begeisterung zu Fehlern?

....

Wessen Meinung stellen Sie über Ihre eigene? Und warum?

....

Weiß ein Pfarrer mehr über die Vergebung von Sünden als ein Rechtsanwalt? Und warum?

....

TEIL 2

Das Zähmen des Drachen

Die Hummel: Sie hat 0,7 cm^2
Flügelfläche bei 1,2 g Gewicht.
Nach den bekannten Gesetzen
der Aerodynamik ist es unmöglich,
bei diesem Verhältnis zu fliegen.
Die Hummel weiß das aber nicht
und fliegt einfach.

(Christian Niederberger)

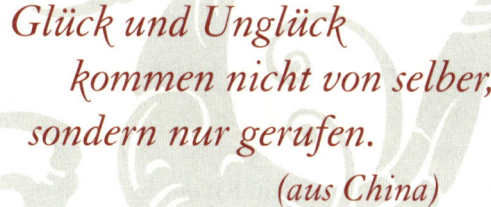

*Glück und Unglück
kommen nicht von selber,
sondern nur gerufen.*

(aus China)

5. Die Strategie der Wechselwirkung

Die Gedanken anderer sind Fallstricke. Wer dem Tao folgt, lässt sich nicht durch andere definieren, stören oder von anderen bewundern. (Deng Ming)

Erkenne, dass nie andere etwas mit dir tun, sondern immer du selbst es geschehen lässt.

Habe ich Ihnen schon gesagt, dass Sie Post bekommen haben? Die ist wohl irgendwie falsch zugestellt worden. Ich wollte Sie Ihnen schon neulich geben. Es ist aber nichts Schlimmes. Ein Schreiben von der Organisation. Die wollen Sie nur daran erinnern, dass noch Zahlungen offen sind. Sie kennen keine Organisation? Aber natürlich! Und Sie sollten auch unbedingt bezahlen.

In dem Schreiben steht ganz ausdrücklich, dass die Organisation in jedem Fall Mittel und Wege hätte, an das Geld zu kommen. Nötigenfalls würde sie einen ihrer Mitarbeiter vorbeischicken, um es abzuholen. Ich kann Ihnen aus eigener Erfahrung sagen: Wenn es um Geld geht, verstehen die sehr wenig Spaß. Vor kurzem habe ich mit einem hohen Vertreter der Organisation gesprochen. Er meinte, dass sich zwar immer wieder Leute beschwerten, die nicht zahlen wollten. Aber die Organisation müsse eben auch leben. Die meisten Menschen verstünden das und zahlten ohnehin ohne Probleme. Außerdem täte die Organisation ja auch genug Gutes für die Menschen. Dabei, so meinte der Vertreter, sei die Organisation in unserem Land richtig harmlos! Es gäbe Länder, in denen die Organisation auch nicht davor zurückschrecke, Menschen zu töten. Ich darf Ihnen also dringend empfehlen, den geforderten Betrag umgehend zu überweisen, auch wenn er Ihnen vielleicht etwas hoch erscheint.

Sie meinen noch immer, die Organisation gäbe es ja gar nicht oder würde Ihnen zumindest keine Briefe schreiben? Und außerdem ließen Sie sich doch nicht erpressen? Versuchen Sie bitte ein Bild der Organisation und ihrer Vertreter in Ihrem Kopf entstehen zu lassen. Sind Sie noch immer sicher, dass Sie nicht bezahlen würden?

Auch gut. Dann ersetzen Sie doch bitte einmal die Wortfolge »die Organisation« durch »der Staat«, und lesen Sie den ganzen Absatz noch einmal. Bezahlen Sie jetzt? Weil?

Offensichtlich hängt also Ihre Entscheidung, ob Sie bereit sind, einen guten Teil Ihres Verdienstes abzugeben, ausschließlich von der Frage ab, wie der Empfänger des Geldes sich bezeichnet. Denn der einzige Unterschied zwischen »dem Staat« und »der Organisation« ist doch, dass der Drache zum Wort »Staat« ein konkretes Bild aus dem Archiv holt, während Sie der Meinung sind, »die Organisation« nicht zu kennen. Den Staat kennen Sie – aber woher?

Die täuschende Macht der Worte

Hier beginnt die Strategie der Wechselwirkung. Solange der Drache nicht zahm ist, lässt er sich mit dieser Technik von anderen Menschen täuschen. Oft zu deren Vorteil. Plötzlich erscheinen uns Dinge völlig selbstverständlich, die in Wirklichkeit gar nicht existieren. So verurteilen wir zwar, dass Menschen aus Rache »ermordet« werden, begrüßen aber ihre »Hinrichtung«. Ist denn da der Unterschied wirklich so groß? Wer fremde Drachen hinters Licht führen will, blendet sie am besten mit der schier unendlichen Macht der Worte. Wenig ist so berechenbar und gleichzeitig so gefährlich wie die gezielte Anwendung dieser Strategie. Schließlich beziehen bestimmte Worte ihre extreme Kraft aus der Tatsache, dass sie die Ziegel unseres Gedankengebäudes sind.

»Die Grenzen meiner Sprache«, hat der Philosoph Ludwig Wittgenstein gesagt, »sind die Grenzen meiner Welt.«

Einerseits gehen Worte weit über das hinaus, was wir mit unseren Sinnen erfassen können. Andererseits werden manche von ihnen zu einer Zeit in unsere Gedanken eingebaut, in der wir sie noch gar nicht überprüfen können. Später nehmen wir sie aber, wie schon gesagt, als Grundlage für alle weiteren Entscheidungen.

Ich möchte hier weder eine politische Grundlagendiskussion führen noch über Sinn und Unsinn des Abgabensystems diskutieren. Haben Sie sich aber schon einmal überlegt, wer denn dieser »Staat« eigentlich ist, dem Sie so viel Macht zugestehen? Falls ja, sind Sie dabei zu einem zufriedenstellenden Ergebnis gekommen? Wohl kaum. Trotzdem verstehen und wissen Sie aber, dass der Staat dieses und jenes will, dieses und jenes vorschreibt oder verbietet und ab und an sogar dieses und jenes bezahlt.

Nun ist »der Staat« aber wie vieles andere auch nichts als

eine leere Worthülse, die ausschließlich im Lagerraum des Drachen existiert.

Falls Sie mir jetzt nicht glauben, habe ich eine kleine Aufgabe für Sie. Stellen Sie sich vor, Sie begegnen eines Tages einem Außerirdischen. (Übrigens auch so ein Wort: Obwohl noch niemand einen solchen gesehen hat, weiß jeder, wie so jemand aussieht.) Da dieser Ihre Sprache leider nicht versteht, müssen Sie auf andere Kommunikationsformen ausweichen.

Nehmen Sie also bitte ein Blatt Papier, und zeichnen Sie auf, wer oder was erstens der Staat ist und wie er zweitens gerade jemanden tötet. Zeichnen Sie aber keine ausführenden Organe, also keine Vertreter, lassen Sie es den Staat selbst machen. Daneben zeichnen Sie den Gesetzgeber und die öffentliche Hand.

Bevor Sie jetzt weiterlesen, machen Sie bitte die Zeichnung. Verstehen Sie jetzt, welche Macht Sprache hat?

Manche Worte sind so mächtig, weil der Drache sie nicht als Bitten, sondern als unveränderliche Befehle sieht. Denken wir an ein Wort wie eben in obigem Beispiel »Staat«, so holt der Drache umgehend die passende Assoziation aus seinem Lager, und wir wissen, worum es geht.

Die Wortbedeutung entsteht erst im Kopf

Interessant ist dabei aber, dass ein solches Wort nicht etwas ist, das einfach aufgrund eines Klangs ein Bild in unserem Kopf erzeugt. Es ist zunächst nur eine Aneinanderreihung von Buchstaben, die durch Wechselwirkung zum Leben erweckt wird. Hat der Drache nichts gespeichert, bleibt jede

Reaktion aus. Oder würden Sie bezahlen, wenn »Az ország« Sie dazu auffordert? Ein Ungar schon. Er weiß schließlich, dass kein anderer dahintersteht als – der Staat. Worte sind von sich aus bedeutungslos und erhalten ihren Sinn und auch ihre Kraft erst durch das Prinzip der Wechselwirkung. Wir verbinden mit Worten also jene Assoziationen, die uns von anderen Menschen in deren Interesse vorgegeben werden. Warum sonst können Sie ein Kleinkind oder einen Taubstummen nicht mit der Androhung einer »Hölle« beeinflussen? Und damit, dass Sie ihn »segnen« oder »verfluchen«? Auf der anderen Seite sind aber selbst böse und verletzende Worte so lange harmlos, bis wir selbst ihnen die Gelegenheit geben, in unserem Kopf ihre Wirkung zu entfalten.

Der griechische Philosoph Epiktet schreibt dazu Folgendes: »Sei dir dessen bewusst, dass dich derjenige nicht verletzen kann, der dich beschimpft oder schlägt; es ist vielmehr deine Meinung, dass diese Leute dich verletzen. Wenn dich also jemand reizt, dann wisse, dass es deine eigene Auffassung ist, die dich gereizt hat. Deshalb versuche vor allem, dich von deinem ersten Eindruck nicht hinreißen zu lassen. Denn wenn du dir Zeit zum Nachdenken nimmst, dann wirst du die Dinge leichter in den Griff bekommen.«

Ohne Sprache gäbe es kein Denken und nichts,
das aus diesem entsteht. Auch keine Wechselwirkung
zwischen dem Drachen und Ihnen.

Sobald Sie dieses Prinzip verstanden haben, werden Sie auch verstehen, dass nur Sie selbst Beleidigungen und Kränkungen ihre zerstörerische Kraft geben. Und dass es nur an Ihnen liegt, genau diese Kraft ins Leere laufen zu lassen.

Wie das gehen soll? Ganz einfach. Stellen Sie sich vor, der vorher erwähnte Außerirdische sagt ganz freundlich zu ihnen: »Wr trsnu oii zzrst ttoirsdt!« Kränkt Sie das? Empfinden Sie es als Beleidigung? Macht es Sie gar zornig? Nein, natürlich nicht. Warum auch?

Jetzt achten Sie ganz bewusst darauf, was sich in der folgenden Sekunde in Ihrem Kopf abspielen wird. Der Außerirdische hat nämlich zu Ihnen gesagt: »Sie sind ein richtiger Vollidiot!« Verspüren Sie jetzt das Bedürfnis, zu reagieren? Was hat sich aber gegenüber vorhin geändert?

Den Drachen bremsen

Es gibt jetzt eine Wechselwirkung zwischen zwei Drachen. Solange Sie nichts verstehen konnten, war der Außerirdische allein. Er hat Ihnen zwar einen Ball zugeworfen, um mit Ihnen zu spielen. Aber Sie konnten damit nichts anfangen und haben den Angriff ohne große Mühe ignoriert. Doch dann. Der Drache hört das Wort »Vollidiot«, rast in den Lagerraum und bringt die entsprechende Assoziation mitsamt der passenden Verteidigung. Nachdem er Ihnen gegenübersteht, könnten Sie den Außerirdischen nun natürlich sofort zur Rechenschaft ziehen, und Ihr Ärger scheint einen sinnvollen Grund zu haben. Hat er aber nicht. Denn in Wirklichkeit ärgern Sie sich gar nicht über die Worte, sondern ausschließlich darüber, was diese in Ihrem Kopf bewirken. Das ist auch daran zu erkennen, dass diese Technik auch dann noch funktioniert, wenn der Verursacher schon lange nicht mehr anwesend ist.

Versetzen Sie sich noch einmal in eine ganz ähnliche Situation. Ihnen gegenüber steht ein fremder Mensch, der Ihnen mit freundlicher Miene ein Wort zuwirft, das Sie nicht verstehen. Aufgrund seines Gesichtsausdrucks gehen Sie aber davon aus, dass es sich um etwas Nettes handelt, bedanken sich und gehen weiter. Da dieses Wort einem Ihrer eigenen Sprache sehr ähnlich klingt, beschließen Sie, es sich zu merken und seine Bedeutung zu Hause nachzusehen. Ein Blick ins Wörterbuch offenbart nun, dass der Ausdruck ein ganz übles Schimpfwort war. Was denken Sie jetzt?

Wenn Sie also das nächste Mal mit einer Aussage konfrontiert sind, über die Sie sich nicht ärgern wollen, dann tun Sie für sich selbst so, als hätten Sie diese nicht verstanden. Mit ein bisschen Übung klappt das ganz leicht.

»Worte«, hat der Autor Rudyard Kipling einmal gesagt, »sind die mächtigste Droge, welche die Menschheit benutzt.« Und wohl auch die zerstörerischste.

Schließlich ist die Sprache das wichtigste Werkzeug unseres Drachen. Lassen Sie mich Ihnen noch etwas zeigen.

In Abwandlung eines ursprünglich politischen Witzes sagt ein Bauer zum anderen: »Schlachten wir doch einfach zwei Millionen Kühe und einen Hund.« Worauf der andere Bauer fragt: »Warum einen Hund?« Antwortet der eine: »Hab' ich dir gesagt, dass keiner nach den Kühen fragt?« Interessant an diesem Witz ist, dass es sich hier um eine reine Sprachmanipulation handelt, die aber von den meisten nicht entdeckt wird. Viele werden jetzt denken: »Ist doch klar, dass Kühe geschlachtet werden, sind wir gewohnt – aber ein Hund? Da muss der doch fragen.«

Machen wir es umgekehrt. »Schlachten wir doch zwei Millionen Hunde und eine Kuh.« Was meinen Sie, fragt der zweite Bauer jetzt? Besonders schwer hätten es ohne Sprache vor allem die sogenannten negativen Dinge. Könnten sie doch schlichtweg nicht existieren! Alles »Nichtkönnen«, »Nicht-möglich-Sein« oder »Nichtwerden« existiert nämlich nur in Form von Sprache. Oder können Sie sich bildlich vorstellen, dass etwas nicht sein kann?

Zur Illustration folgende Aufgabe: Überlegen Sie bitte, wie Sie einem Affen erklären können, dass er nicht in der Lage ist, auf einen Baum zu klettern. Dann überlegen Sie, wie Sie das Gleiche ihrem besten Freund und dann sich selbst vermitteln. Und bei wem es wohl die stärkste Wirkung haben wird. Bei Ihnen?

Alles, was wir denken, hat natürlich in sehr großer Form Einfluss auf uns selbst. Schließlich sind wir und die Gegenstände im Lagerraum des Drachen das Produkt unserer Gedanken.

Nehmen Sie bitte wieder Papier und Bleistift, und beschreiben Sie sich in zehn Sätzen selbst. Tun Sie das nicht nur in Gedanken, schreiben Sie es auf. Wir werden das Ergebnis nachher brauchen. Jemand, der Sie nicht kennt, sollte ein möglichst umfassendes Bild Ihrer Person, Ihrer Stärken und Schwächen sowie Ihrer Träume bekommen. Fertig?

Nehmen wir nun an, in unserer Sprache würden plötzlich das Wort »nicht« und alle anderen negativen Ausdrücke wie »schlecht« oder »wenig« abgeschafft. Auch das Wort »würde« sowie alles, das nur Möglichkeiten, aber keine Tatsachen ausdrückt, ist gestrichen. Es gibt sie einfach nicht mehr.

Streichen Sie jetzt alle Sätze auf dem Zettel weg, die in dieser neuen Sprache nicht mehr verstanden werden. Wie viele von den zehn Sätzen bleiben übrig? Zum Abschluss ersetzen Sie die nun unverständlich gewordenen Sätze durch solche, die auch in der neuen Sprache verstanden werden, und lesen das Ergebnis laut vor.

Ich will Ihnen noch an einem anderen Beispiel zeigen, wie sehr Ihre Gedanken Sie und auch Ihre Umgebung beeinflussen. Sie können während der folgenden Übung ruhig weiterlesen.

- Stehen Sie bitte mit dem Buch in der Hand auf. Ohne jetzt irgendetwas zu verändern, beobachten Sie Ihre Haltung.

- Stehen Sie sehr aufrecht oder eher gebeugt? Ist der Rücken gerade oder hängen Ihre Schultern nach vorne?

- Fühlen Sie jetzt, wie an Ihrem Kopf ein Haken befestigt wird. An diesem befindet sich eine Schnur, und Sie werden langsam nach oben gezogen, immer Richtung Decke. Spüren Sie, wie sich Ihr Rücken aufrichtet?

- Das Ziehen geht weiter. Die Schultern wandern zurück, der Nacken ist gestreckt, das Kinn gerade. Sie haben das wunderbare Gefühl, immer größer zu werden.

- Stehen Sie nun total aufrecht, und atmen Sie ganz tief ein. Fühlen Sie, wie groß Sie sind? Und wie gut es Ihnen dabei geht?

- Dann gehen Sie wieder in ihre Ausgangsposition zurück, und fühlen Sie, was sich dabei in Ihrem Kopf ändert.

- Zum Abschluss lassen Sie sich wieder hinaufziehen und bleiben einige Atemzüge in dieser Position.

Die Wechselwirkung zwischen Körper und Denken

Wenn Sie das nächste Mal in einer Situation sind, in der andere Ihnen übermächtig erscheinen, dann denken Sie an den Haken in Ihrem Kopf und lassen sich hinaufziehen. Nehmen Sie sich dann Zeit, bevor Sie irgendetwas sagen oder tun.

Bedenken Sie, dass die Frage, ob Sie aufrecht oder geknickt durch die Welt gehen, immer auch ein Signal an Ihre Mitmenschen ist, und die Reaktion ihres Gegenübers wird Sie überraschen. Ich wollte Ihnen mit diesem Beispiel auch zeigen, dass es eine Wechselwirkung zwischen Körper und Denken gibt.

Grundsätzlich ist es einmal so, dass unser Denken die Folge bestimmter Vorgänge in unserem Körper ist. Das bedeutet, eine Veränderung in unserem Körper bewirkt auch eine Veränderung in – sagen wir einmal – unserem Kopf.

Denken Sie nur daran, was Sie empfinden, wenn Sie von einem Ihnen nahestehenden Menschen zärtlich berührt oder umarmt werden. Am Beispiel genau dieser Berührung kann man nun auch sehr schön sehen, dass unser Gehirn uns eine komplette Kopie unseres Körpers zur Verfügung stellt. Am einfachsten kann man das im Traum erkennen. Wieso können Sie da ganz deutlich Berührungen spüren, die gar nicht stattfinden?

Es ist Ihnen sicher bekannt, dass Berührungs- und Schmerzreize mittels elektrischer Impulse in Nervenbahnen an das Gehirn weitergeleitet und dort zentral verarbeitet werden. Kneifen Sie sich jetzt einmal mit der linken Hand in den

Oberschenkel, und machen Sie sich bewusst, was nun passiert. Das Signal, dass der Muskel an dieser Stelle zusammengedrückt wurde, wird an das Gehirn weitergeleitet. Dort wird, je nachdem, wie stark Sie gedrückt haben, der Eindruck von Berührung oder Schmerz erzeugt. Interessant ist nun die Frage, wie dieses Gefühl wieder zu Ihrem Oberschenkel zurückkehrt? Woher Sie also eine so genaue Vorstellung davon bekommen, wo die Druckstelle sich befindet?

Ganz ähnlich verhält es sich auch bei sogenannten Phantomschmerzen, bei denen Menschen in Körperteilen Schmerzen empfinden, die ihnen vor langer Zeit amputiert wurden. Wenn der Körper aber Einfluss auf unser Denken hat, warum soll es dann nicht umgekehrt genauso möglich sein?

Denken Sie hintereinander an einen Sack voller Flöhe, an jemanden, der ein sehr staubiges Bettzeug ausschüttelt und an einen dieser stark juckenden Pullover. Und jetzt an einen Mann, der am Rücken Juckreiz verspürt und sich kratzt. Kratzen Sie sich auch schon?

Gedanken kontrollieren Ihren Körper

Die Wechselwirkung zwischen Denken und Körper wird auch ersichtlich, wenn uns jemand einen guten Witz erzählt. In unseren Gedanken finden wir die Sache furchtbar komisch. Warum aber kommt es deshalb zur körperlichen Reaktion des Lachens? Warum zittern Ihre Hände, wenn Sie nervös sind? Und wieso können Sie dieses Zittern mit etwas Konzentration abstellen?

Ein anderes Beispiel:

- Konzentrieren Sie sich bitte, und versuchen Sie, zehnmal hintereinander die Worte »Messwechsel« und »Wachsmaske« jeweils abwechselnd zu sagen. Merken Sie sich die Worte, und decken Sie das Buch zu. Lesen Sie nicht ab.

Gar nicht so einfach, oder? Wir wollen es üben, allerdings nur in Gedanken. Denn wenn meine Behauptung richtig ist, dass Sie nur mit Ihrem Denken körperliche Fähigkeiten kontrollieren können, dann muss es ja auch trainierbar sein, ohne zu sprechen. Schließlich liegt auch bei dieser Sache die Blockade nicht in Ihrem Mund, sondern in Ihrem Kopf.

- Ohne ein Wort zu sprechen, denken Sie nun zwanzigmal ganz langsam die Wortfolge »Messwechsel-Wachsmaske«. Sehen Sie sich dabei sprechen. Messwechsel, Wachsmaske, Messwechsel, Wachsmaske ... Langsam bleiben, nicht schneller werden.
- Fertig? Dann probieren Sie es noch einmal mit dem Sprechen. Spüren Sie, um wie vieles es jetzt leichter geht?

Nicht vergessen: Ihr Gehirn steuert sowohl Ihre Gedanken als auch Ihren Körper! Erkennen Sie jetzt, wie unglaublich mächtig Ihr Denken ist? In Ihren Gedanken können Sie sogar körperliche Fähigkeiten trainieren. Was Sie aber im Kopf nicht hinbekommen, geht körperlich schon gar nicht.

- Zeichnen Sie gedanklich mit der rechten Hand im Uhrzeigersinn Kreise in die Luft. Lassen Sie die Hand kreisen, und heben Sie in Ihrer Vorstellung den rechten Fuß. Mit diesem ziehen Sie jetzt gleichzeitig Kreise in die Gegenrichtung, also gegen den Uhrzeigersinn. Geht nicht, oder?
- Dann nehmen Sie das Buch nun in die linke Hand und machen die Übung mit Ihrem Körper. Geht das besser?

Den Drachen zum loyalen Verbündeten erziehen

Die Wechselwirkung geht weiter. Es treten auf: der Drache und Ihr Körper. Vorher aber eine Frage: Wenn Sie einen Menschen so richtig ablehnen, haben Sie dann großes Interesse daran, dass es diesem gutgeht? Würden Sie bei einer Zusammenarbeit mit diesem wohl gute Ergebnisse erzielen? Auch dies ist eine Sache der Wechselwirkung.

Aus dem gleichen Grund haben viele Menschen wenig Interesse an einer Zusammenarbeit mit sich selbst. So auch solche, die sich für zu dick halten und das eigentlich gerne ändern möchten. Warum eigentlich?

Weil die Situation dann die folgende ist: Sie und Ihr Drache stehen einem wehrlosen Körper gegenüber, der, warum auch immer, nicht so schlank ist, wie Sie es sich wünschen. Also geht es ans Abnehmen. Eine Diät muss her. Nehmen wir der Einfachheit halber an, Sie wissen, dass Ihr übermäßiger Konsum an Torten für Ihr Übergewicht verantwortlich ist. Sie beschließen, diese von nun an wegzulassen. An der ersten Köstlichkeit gehen Sie voller verachtendem Stolz vorbei. Geschafft! An der zweiten auch. Aber bei der dritten, vierten oder fünften regt sich Widerstand.

Sie hören, wie der Drache Ihrem Körper etwas zuflüstert: »Nur wegen dir dürfen wir das jetzt nicht essen. Nur, weil du nicht so sein kannst wie die anderen Körper auch. Alle, die wir kennen, können naschen, so viel sie wollen. Keiner nimmt davon zu. Nur du. Du musst dich nicht wundern, wenn wir dich nicht mögen. Allein schon, wie du aussiehst! Und abnehmen tust du auch nicht, egal, wie sehr wir uns auch einschränken und worauf wir alles verzichten ...«

Hallo? Wie war das noch mal mit dem Annehmen auch

von Dingen, die uns nicht passen? Wenn Sie so mit mir umgingen wie der Drache mit Ihrem Körper, ich würde umgehend jede Zusammenarbeit einstellen. Probieren wir es anders.»Drache? Komm einmal her. Mein Körper gehört genauso zu mir wie du, okay? Und wenn wir drei zusammenhalten, dann schaffen wir das alles. Wir wollen es gemeinsam machen, und es dauert so lange, wie es eben dauert. Wir müssen auch auf nichts verzichten. Wir wollen einfach gemeinsam etwas ändern, und das werden wir tun. Und dann klappt es auch.«

Können wir uns krank denken?

Bleiben wir noch kurz bei der Wechselwirkung von Körper und Geist. Wenn die Gedanken den Körper im Guten beeinflussen können, wie ist es dann umgekehrt?

Oft habe ich gehört und gelesen, dass Krankheit etwas sei, das man sich selbst herbeidenkt. Krank werde also nur, wer die falschen Gedanken habe. Ich habe an dieser Theorie meine Zweifel. Einerseits bin ich durchaus der Meinung, dass das Denken den Körper belasten und ihn auch zerstören kann. Was ich aber nicht glaube, ist, dass man Krankheit ausschließlich selbst durch Denken in sein Leben zieht. Wie wäre es dann nämlich zu erklären, dass Tiere krank werden und sogar daran sterben? Ziehen diese das auch in ihr Leben, weil sie ständig daran denken? Obwohl ihnen die Existenz von Krankheit gar nicht bewusst ist?

Eine Wechselwirkung gibt es aber in dieser Sache ganz sicher: Das Wissen um Krankheit kann vermeintliche Krankheit und das Nichtwissen darum vermeintliche Gesundheit schaffen. Klingt kompliziert? Ist es nicht.

Stellen Sie sich vor, Sie haben immer wieder Kopfschmerzen. Also gehen Sie zum Arzt, um die Sache abklären zu lassen. Ist nun der Arzt in der Lage, Ihnen einen Namen für Ihre Krankheit zu sagen, dann sind Sie natürlich krank. Sie leiden an Morbus Drachonalis (das ist die gefürchtete Drachenkrankheit). Kann der Arzt die Symptome aber keiner Krankheit zuordnen, dann haben Sie zwar ab und an Kopfschmerzen, sind sonst aber gesund.

Sie erinnern sich noch an die eigene Wirklichkeit? Was stimmt jetzt? Sind Sie krank oder gesund? Noch interessanter wird die Sache bei umgekehrter Betrachtungsweise. Sie fühlen sich toll, sind körperlich in bester Verfassung, betreiben Sport und genießen das Leben. Es geht Ihnen sowohl körperlich als auch geistig so gut, dass es nichts gibt, was Sie ändern wollten. Bis sich eines Tages bei einer Routineuntersuchung herausstellt, dass Sie an einer bestimmten Krankheit leiden. Niemand versteht zwar, warum es Ihnen körperlich so gut geht, da das eigentlich nicht möglich sein sollte, aber es hilft nichts – Sie sind krank. Nicht weil Sie es fühlen, sondern weil man es Ihnen gesagt hat. Die Wechselwirkung.

Wie verändert sich nun die Wahrnehmung Ihres Körpers? Merken Sie jetzt, dass die Krankheit Sie doch manchmal schwächt? Und leben Sie immer noch so unbeschwert? Dann lassen Sie uns doch weiterdenken.

Was passiert nun, wenn Ihnen Ihr Arzt nach einiger Zeit entschuldigend mitteilt, dass es sich um eine Verwechslung handelt und Sie eigentlich kerngesund sind? Was nehmen Sie jetzt wahr?

Ihr Drache gehört Ihnen!

Die allerwichtigste und auch mächtigste Form der Wechselwirkung ist aber jene zwischen unserem Denken und dem, was daraus wird. Auch hier möchte ich etwas Wichtiges klarstellen. Sehr häufig wird über die Frage spekuliert, ob wir ganz grundsätzlich mit schlechten Taten in eventuellen vorigen Leben oder durch unsere Gedanken Schlechtes in unser Leben ziehen. Darüber können wir nachdenken und diskutieren; tatsächlich wissen können wir es aber nicht. Also tut diese Frage nichts zur Sache, und wir können sie getrost vergessen. Sie ist ohnehin nur belastend.

Andererseits sollten wir das Universum aber auch nicht herausfordern. Wenn wir bei allem und jedem denken: »Das wird ja so und so nichts«, warum sollte es dann etwas werden? Und ganz abgesehen vom Universum: Wenn Sie der Meinung sind, dass eine Sache ohnehin keinen Erfolg haben könne, werden Sie wohl auch entsprechend handeln, oder?

Ihre wahre Stärke spielt die Strategie der Wechselwirkung aber aus, wenn wir ihr innerstes Grundprinzip verstehen: Es gibt keine unkontrollierten Gedanken. Die Frage ist ausschließlich, wer sie kontrolliert.

Kontrollieren nicht Sie Ihr Denken, dann wird es von den anderen kontrolliert. Sie sind nicht allein auf dieser Welt, sondern umgeben von vielen Menschen, alle voller Wünsche und Begehrlichkeiten. Viele dieser anderen haben den Wunsch, Ihren Drachen zu füttern und in deren eigenem Sinn zu zähmen.

Am offensichtlichsten wird dieses Spiel, wenn sich zwei Menschen gegenüberstehen und sich gegenseitig bedrohen.

Einer beginnt, der andere antwortet, die Drohungen werden immer ernster, immer schrecklicher, es bleibt aber bei Worten. Das Wortgefecht droht zu eskalieren, die Flüche werden immer wilder, immer härter. Sehen Sie die beiden? Mittlerweile ist sogar schon von sehr unschönen Dingen die Rede. Schließlich gibt einer der beiden als Verlierer auf. Warum in diesem Fall der Angreifer gewonnen hat? Weil dieser sowohl seine eigenen »Was-wäre-wenn«-Gedanken als auch die seines Gegenübers unter Kontrolle gebracht hat. Und weil er verstanden hat, dass in der Welt der Gedanken niemand etwas mit ihm machen kann, das er nicht selbst mit sich machen lässt.

BEEINFLUSSUNGEN ERKENNEN

In jeder Sekunde sind Sie Beeinflussungen durch Ihre Umgebung ausgesetzt. Die Beantwortung dieser Fragen soll Ihnen genau das bewusst machen.

Stellen Sie sich eine liebevolle Umarmung vor.

....

Welches ist für Sie das gefährlichste Wort?

....

Was bedeutet es, »recht zu haben«?

....

Was ist wichtig an der Meinung der anderen?

....

Gäbe es keine Länder- und Städtegrenzen: Wo genau ist Ihre Heimat?

....

Können Sie sich vorstellen, ein Unternehmen mit 20 000 Angestellten zu leiten?

....

Welche Wirkung haben aufrecht stehende Menschen auf Sie?

....

Löse das Problem,
nicht die Schuldfrage.
(aus China)

6. Die Strategie der Enthaltsamkeit

Dort, wo man mich nicht ruft,
werde ich nicht gebraucht.
(aus Spanien)

Erkenne, dass nur du selbst entscheidest,
was du in dein Denken hineinlässt
und wie lange es dort verweilt.

Eines Tages, so erzählt man sich, suchte ein flüchtender Mönch Schutz im Tempel eines Zen-Meisters. Die Verfolger des Mönchs kamen und wollten wissen, wo der Flüchtende sei. »Es ist niemand da«, sagte der Meister. Da zogen die Verfolger ihre Schwerter und sagten: »Wenn du uns nicht sagst, wo der Flüchtling ist, schlagen wir dir den Kopf ab.« »Wenn ich nun also sterben soll«, antwortete der Meister, »werde ich noch ein wenig Reiswein trinken.« Mit diesen Worten holte er eine kleine Flasche, schenkte ein und schlürfte den Wein mit großem Genuss. Die Verfolger blickten sich an, und nach einer Weile verließen sie den Tempel.

»Meister, wie hast du das gemacht?«, fragte der Mönch, dem der Meister gerade das Leben gerettet hatte. »Das war gar nicht schwierig«, antwortete der Zen-Meister. »Als die Verfolger kamen, habe ich nicht getan, was sie wollten. Weder habe ich aber mit ihnen gestritten noch Fürbitte gehalten. Ich habe einfach ihre ganze Welt aufgegeben und nichts mehr mit ihnen zu tun gehabt. Und nach einiger Zeit, da waren sie weg.

So sollten auch Menschen, die klagen, dass sie von Emotionen und falschen Gedanken bedrängt werden, immer wissen, dass der rechte Weg nicht streiten und sich verteidigen ist. Auch alles Verhandeln und Argumentieren bringt nichts. Gib einfach jeden Anspruch auf die Welt deiner Gegner auf und habe nichts mehr mit ihnen zu tun. Und nach einiger Zeit wirst du feststellen, dass sie gegangen sind.«

Wie der Drache Energie verschwendet

Erinnern Sie sich noch, dass für die Entstehung von Gedanken Energie notwendig ist? Auf eine gewisse Art ist diese das Lieblingsspielzeug eines ungezähmten Drachen. Er benutzt sie dazu, Gedanken zu schaffen, die niemandem nutzen und allen schaden. Das ist natürlich doppelt schlimm. Einerseits, weil uns diese Gedanken im Kreis laufen lassen. Und andererseits, weil wir ja die Gedankenenergie brauchen, um unsere Ziele zu erreichen, die vom Drachen sinnlos verbrauchte Energie aber dann genau hierfür fehlt.

Einer der größten dieser Energiefresser ist Ihnen mit Sicherheit bekannt. Es sind die »Hättest du doch …«-, »Warum hast du nicht …«- und »Ich hab dir doch so oft gesagt …«- Sätze. Lassen Sie mich an einem Beispiel zeigen, wie sehr mit solchen Ideen vor allem Ihre Kraft vernichtet wird.

Nehmen wir an, Sie predigen jemandem seit langer Zeit, eine Sache auf eine ganz bestimmte Art zu machen. Der

Angesprochene nickt zwar zustimmend, macht es jedoch weiterhin auf seine Weise. Es kommt, wie Sie meinen, dass es kommen musste. Die Sache geht schief und entwickelt sich zu einem Problem. Natürlich würden Sie sofort zu Hilfe kommen, wäre da nicht der Drache. In Ihrem Kopf geht es los: »Ich verstehe das nicht, du hast es ihm doch so oft gesagt. Warum nur hat er es nicht so gemacht, wie du es gesagt hast? Das wäre doch alles viel einfacher gewesen!« – »Egal jetzt! Das Problem muss gelöst werden!« – »Das stimmt schon. Aber hat es wirklich so weit kommen müssen? Warum hat er nicht wenigstens einmal auf dich hören können? Also wie ihr das jetzt hinbekommen wollt, habe ich ja keine Ahnung …«

Wenn Sie es in diesem Fall schaffen, ein Zehntel der Energie, die Sie hier verbrauchen, zum Lösen des eigentlichen Problems aufzubringen, sind Sie schon gut. In Wirklichkeit ist es wahrscheinlich noch viel weniger. Denn bei allem möglicherweise sogar berechtigten Ärger: Wem bringen solche Vorwürfe etwas? Demjenigen, der das Problem hat, mit Sicherheit nicht. Ihnen auch nicht. Oder ärgern Sie sich so gerne?

Der Drache geht mit Ihrer kostbaren Energie genauso um wie manche Menschen mit fremdem Kapital. Sie bezahlen damit äußerst freigiebig für Dinge, die zwar niemandem etwas bringen, aber jede Menge Geld vernichten.

Wollen Sie also jemandem, der nicht auf Ihre Ratschläge gehört hat, nicht helfen, dann tun Sie es einfach nicht. Ohne Wenn und Aber. Aber lassen Sie sich auf keinen Fall auf eine Diskussion mit dem Drachen ein. Da sind Sie in jedem

Fall Zweiter. Sie möchten unterstützen, aber der Drache findet hundert Gründe, warum Sie das nicht tun sollen. Die Angelegenheit verselbständigt sich. Völlig losgelöst vom eigentlichen Problem beginnt der Drache, Ihre Energie zu vernichten. Sie hadern schon lange nicht mehr mit einem Gegenüber, sondern nur mehr mit sich selbst. Aber wozu?

Stoppen Sie die innere Diskussion

Hier beginnt die Strategie der Enthaltsamkeit. Eine überaus mächtige, zugleich aber sehr schwierige Strategie. Sie fordert viel Übung und Disziplin, ist aber eine der stärksten Techniken, den Drachen zu zähmen. Auch ihre Anwendung ist grundsätzlich sehr einfach.

Bittet Sie jemanden in einer Sache um Hilfe, blenden Sie alles rundherum aus. Vergessen Sie, was gewesen ist und was hätte sein sollen. Sehen Sie nur das Problem. Dann entscheiden Sie, was Sie tun möchten, und treffen unwiderruflich eine Entscheidung.

Dem Drachen wird es zwar anfangs nicht gefallen, und er wird Sie immer wieder herausfordern, Ihre Entscheidung doch noch einmal zu überdenken. Machen Sie ihm klar, dass es kein Zurück gibt. »Man muss«, hat die Journalistin Helen Markel gesagt, »nein sagen lernen – und wenn man ja sagt, auch dabei bleiben.« Sobald also Zweifel oder Ärger zurückkommen, unterdrücken Sie diese ganz bewusst. Denken Sie daran, Sie zähmen einen Drachen.
Ein naher Verwandter dieses Problems sind die berühmten »Du hättest das doch früher sagen können«-Sätze. Sie sind in ihrer Wirkung aber noch schlimmer. Im Gegensatz zu

den anderen Energieverschwendern entstehen sie nämlich erst, nachdem Sie versucht haben, ein Problem zu lösen, und gehören dadurch Ihnen ganz allein. Es geht hier um jenen Ärger, der aufkommt, wenn Sie für jemanden etwas getan haben, das sich im Nachhinein als umsonst herausstellt. Wie viel einfacher hätten Sie es doch gehabt, wenn der andere das nur früher gesagt hätte! Wenn? Er hat es nicht früher gesagt. Also vergessen Sie es.

Sehr ähnlich verhält es sich auch, wenn Menschen glauben, um jeden Preis recht haben und andere von ihrer Meinung überzeugen zu müssen. Besonders bei eigentlichen Belanglosigkeiten läuft hier der Drache zur Hochform auf. Tatsächlich werden Sie die Meinung Ihrer Mitmenschen nicht ändern, und all die Energie, die Sie darauf verwenden, ist verloren.

Ich spreche hier nicht von jenen Diskussionen, von deren Ausgang das Schicksal anderer Menschen abhängt. Aber wenn ich der Meinung bin, dass Gott grün ist, und Sie aber glauben, dass er gar nicht existiert, welchen Wert hat es, wenn Sie mich von ihrem Standpunkt überzeugen wollen und sich nachher darüber ärgern, dass es Ihnen nicht gelungen ist? Selbst bei vermeintlich großen Dingen ist Enthaltsamkeit oft der einzige Weg, keine Energie zu verlieren.

In Japan lebte vor einiger Zeit ein Zen-Meister namens Hakuin. Er wurde von seinen Nachbarn als einer gepriesen, der ein reines Leben führte. In seiner Nähe wohnte nun ein schönes Mädchen, dessen Eltern ein Lebensmittelgeschäft besaßen. Eines Tages entdeckten diese, dass das Mädchen schwanger war. Das machte die Eltern sehr böse. Zuerst wollte das Mädchen nicht gestehen, wer der Verführer war, doch nach langem Drängen benannte sie schließlich Hakuin. In großem Ärger gingen die Eltern zum Meister. »So?«, war alles, was er zu sagen hatte.

Nachdem das Kind geboren war, brachte man es zu Hakuin. Er hatte seinen guten Ruf verloren, was ihm aber keine Sorgen machte. Und er kümmerte sich in bester Weise um das Kind. Von seinen Nachbarn erhielt er Milch und alles, was das Kleine benötigte. Ein Jahr später konnte die junge Mutter es nicht länger aushalten. Sie erzählte ihren Eltern die Wahrheit: dass der echte Vater ein junger Mann sei, der auf dem Fischmarkt arbeitete. Die Mutter und der Vater des Mädchens gingen nun wieder zu Hakuin und sagten:»Es ist nicht dein Kind – und wir wollen es zurück!«

»So?«, sagte Hakuin. Und gab ihnen das Kind.

Schuldzuweisungen sind unnütze Zeiträuber

Um Ihnen die enorme Wichtigkeit der Strategie der Enthaltsamkeit zu zeigen, habe ich folgende Frage. Angenommen, Sie verschwenden im Schnitt von jeder Stunde eine einzige Minute an unnötige Gedanken. Angenommen weiter, Sie tun das achtzig Jahre lang. Was schätzen Sie, wie viel Zeit Ihres Lebens Sie dadurch verlieren? Tage, Wochen, Monate? Mehr. Was geben Sie mir für 1,3 Jahre Ihres Lebens?

»Reden mit einem«, mit dem man nicht reden kann, heißt seine Worte verlieren. Nicht reden mit einem, mit dem man reden kann, heißt einen Menschen verlieren. Der Weise verliert keine Worte, er verliert aber auch keinen Menschen.« (Lao-tse)

Ein ähnlicher Zeit- und Energieverschwender ist das Zuweisen von Schuld. Die meisten Menschen machen einen Fehler, ärgern sich darüber und suchen im gleichen Augenblick jemanden, den sie dafür verantwortlich machen können. Wenn bei uns etwas schiefgeht, hätten alle anderen etwas anders, schon längst oder gar nicht, früher oder später machen müssen. Nur niemals wir selbst.

Sie glauben gar nicht, wie lange der Drache an so etwas Freude findet! Und immer wieder kommen die gleichen Vorwürfe an die gleiche Person, die ursprünglich gar nichts mit der Sache zu tun hatte. Bis wir es selbst glauben.

Lassen Sie das. Wenn Ihnen das nächste Mal ein Fehler passiert, sagen Sie einfach: »Das hätte ich jetzt besser anders gemacht, aber ich kann es nicht ändern«, und verzichten Sie auf den Ärger und die Suche nach einem Schuldigen. Sorgen Sie dafür, dass die Sache wieder in Ordnung kommt, und vergessen Sie die Angelegenheit.

Es gibt einen berühmten Schachcomputer, der jede verlorene Partie analysiert. Sobald er den Fehler findet, der zu seinem Verlieren geführt hat, macht er ihn nie wieder. Ganz in Ruhe und ohne sich zu ärgern. Ich selbst habe schon vor Zeiten das Wort »Schuld« und alle Variationen komplett aus meinem Vokabular gestrichen. Probieren Sie es einmal. Das Ergebnis wird sie erstaunen.

Das einträgliche Spiel mit dem Neid

Die Strategie der Enthaltsamkeit wäre aber lange nicht so mächtig, wäre dies die einzige Form, in der Ihr Drache Ihre Energie verschwendet. Es gibt noch viele weitere. Ich glaube gar nicht, dass er es böse meint. Er ist mehr wie ein Kind, das Trinkwasser achtlos verschüttet. Aber verloren ist es allemal. Eine Variante, die der Drache besonders gerne spielt, ist »vergleichen«. Und die geht so: Sie besitzen etwas, mit dem Sie sehr zufrieden sind. Zumindest so lange, bis Sie erfahren, dass ich etwas Besseres besitze. Denn warum sonst vermissen wir Dinge nicht, von denen wir nicht wissen, dass wir sie haben könnten? Zumindest so lange nicht, bis wir es wissen?

Gut beobachten kann man dieses Prinzip bei Fotografen. Ihnen ist wahrscheinlich bekannt, dass das, was dem Autofahrer die Pferdestärken sind, dem Fotografen die Pixel, also die Bildpunkte auf dem Sensor bedeuten. Je mehr, desto besser. Es erscheint also auf dem Markt die neue Kamera K. Mittels völlig neuer Technologie erreicht diese eine Auflösung von x Millionen Bildpunkten. Die Fachwelt staunt, alle sind begeistert von der unerreichbar geglaubten Qualität der Bilder. Mehr Auflösung, so heißt es, werde nun wirklich nicht mehr gebraucht, da man sie ohnehin nicht zu Papier bringen könne.

> *Tatsächlich ist das ständige Üben von gedanklicher Enthaltsamkeit wohl der einzige Weg, sich Manipulationen und deren Folgen zu entziehen.*

Einen kurzen Moment sind alle glücklich. Bis zuerst Kamera L und schließlich Modell M mit der annähernd doppelten Auflösung erscheinen. Wir wollen der Einfachheit halber davon ausgehen, dass die hierdurch erzielbaren Vorteile eher akademischer Natur sind und niemand wirklich einen Unterschied bei den Bildern sehen könnte.

Aber es erwachen die Drachen und ihre Freunde. »Was,

wie wenige Megapixel hat deine Kamera? Und was sollen die anderen denken, wenn sie dich mit diesem alten Modell sehen?« Dass dieses Problem allein in den Köpfen der Menschen liegt, kann man schön sehen, wenn man das Ganze etwas weiterdenkt.

Angenommenen, das Modell M mit der extrem hohen Auflösung wäre eine Marktstudie, für die man das Jahresgehalt eines Aufsichtsratspräsidenten hinlegen müsste. Die Auflösung wäre also da, die anderen Vorteile auch, einzig das Gerät wäre unerschwinglich. Wie viele Menschen wären nun wohl der Meinung, ohne diese Kamera nicht leben zu können, und plötzlich mit ihrem aktuellen Modell unglücklich? Wohl niemand.

Was aber, wenn Modell M eines Tages für das Monatsgehalt eines Durchschnittsverdieners erhältlich wäre? Beurteilten dann jene, die weiterhin mit ihrer alten Kamera vorliebnehmen müssten, diese nun anders? Ist es also wirklich die Auflösung, nach der die Drachen gieren?

Wie man die Gier Ihres Drachen benutzt

Vor einiger Zeit habe ich ein faszinierendes Beispiel dafür gesehen, wie sehr auch Firmen damit rechnen, dass ungezähmte Drachen nicht enthaltsam sein können. Ein großer Mobilfunkanbieter, der dafür bekannt ist, seine Kunden möglichst lange per Vertrag zu binden, machte plötzlich folgendes Angebot:»Testen Sie unseren neuen Tarif T sowie das neue Superhandy S sechzig Tage lang ohne Grundgebühr und ohne Bindung!«

Der Drache horcht auf.»Hat da jemand etwas zu verschenken?« Nicht ganz.»Wenn Sie nach Ablauf des Testzeitraums nicht zufrieden sind, bringen Sie einfach das Super-handy S wieder zurück.« Hand aufs Herz: Geben Sie ein Gerät, das Sie zwar nicht wirklich brauchen, aber bereits zwei Monate in Ihrem Besitz hatten, wirklich wieder zu-rück? Ein ungezähmter Drache ist berechenbar.

Erstaunlicherweise funktioniert diese Technik aber auch in die andere Richtung. Nehmen wir an, Sie verlangen für eine Dienstleistung 1 Euro. Nun komme ich zu Ihnen und bitte Sie sehr nett, es ausnahmsweise für mich für 90 Cent zu machen, wozu Sie bereit sind. Sie geben mir also gerne 10 Cent Rabatt.

Was aber, wenn Sie ursprünglich nur 10 Cent verlangt hät-ten, und ich Sie frage, ob Sie es auch gratis täten? Die Er-mäßigung wäre ja exakt die gleiche. »Das geht aber nicht«, höre ich Sie sagen, »weil so bekäme ich ja gar nichts!« Stimmt. Andere Frage. »Was kostet es, wenn Sie mir einen wirklich kleinen Gefallen tun? Nichts? Danke. Tun Sie mir den gleichen Gefallen auch für 10 Cent? Nein, Sie ma-chen das gratis? Wenn Sie aber wie vorhin 10 Cent verdie-nen könnten, warum nehmen Sie diese nicht?«

Stellen Sie sich bitte einmal zwei Städte vor. In der einen

Enthaltsamkeit hat in der Welt der Gedanken zwar nicht direkt mit materiellen Dingen zu tun. Aber meist sind es genau diese, mit denen andere unseren Drachen füttern.

Stadt ist es strengstens verboten, sich zu bewaffnen. Es gibt ein Gesetz, das es ausdrücklich untersagt, Waffen, egal wel-cher Art, zu besitzen oder gar bei sich zu haben. In der zweiten Stadt gibt es weder ein solches Gesetz noch ein Waffenverbot. In welcher dieser beiden Städte fühlen Sie sich sicherer? Warum? Was das jetzt mit Enthaltsamkeit und Manipulation zu tun hat?

Lassen Sie mich etwas anderes fragen. Ist es dort, wo Sie leben, erlaubt, Menschen auszurauben oder gar zu töten? Ich nehme einmal an, dass es strengstens verboten ist. Heißt das aber auch, dass es deshalb niemand tut? Ohne Verbote würden aber alle …? Wenn Sie wüssten, dass Sie bei einem Mord ohne Strafe davonkämen, würden Sie deshalb einen begehen? Wenn Sie umgekehrt vorhaben, einen Menschen zu töten, interessiert es Sie dann wirklich, ob Sie eine Waffe besitzen dürfen?

Lähmende Gedanken abschütteln

Die Energie, die der Drache bei seinen oben beschriebenen Spielen verschwendet, fehlt ihm natürlich woanders. Er wird träge und glaubt mit Freude alles, was ihn darin bestätigt, besser nichts zu tun.

Lassen Sie es mich am Beispiel einer Reise zeigen. Sie überlegen sich, in ein anderes Land zu fahren. Das bedeutet, Sie müssen sich zuerst einmal definitiv für ein Ziel entscheiden. Ein träger Drache wird Ihnen hier zwanzig Ziele zur Auswahl geben und mit keinem zufrieden sein. Hier ist es zu heiß, dort zu kalt und da das Essen zu schlecht. Überstimmen Sie den Drachen in diesem Punkt, müssen Sie als nächstes in ein Reisebüro gehen und dort einen Flug buchen. Hören Sie die Stimme im Hinterkopf? »Kannst du dir das überhaupt leisten? Du kennst dich doch dort überhaupt nicht aus. Wer weiß, ob es dir dort gefällt. Dann die Koffer packen. Außerdem, hier ist es doch auch schön, oder?« Und alles bleibt, wie es war. Ist diese Reise ein Sinnbild für Ihr

Leben? In welche symbolischen Städte sind Sie noch nicht aufgebrochen, weil der Drache lieber zu Hause bleiben wollte? Wenn Sie den Drachen eines Tages reiten möchten, muss er lernen, ihn lähmende Gedanken einfach zu ignorieren.

Wladimir Lenin hat, nach den Gründen für seinen Erfolg befragt, geantwortet: »In erster Linie habe ich stets die Regel befolgt, mir deprimierende Gedanken fernzuhalten.« Das ist zwar nicht so einfach, wie man es sich wünschen würde, aber auch nicht so schwierig, wie es anfangs aussieht. Es ist auch kein Widerspruch dazu, dass ich gesagt habe, dass man auch Negatives zulassen muss.

Denken Sie daran: Ihre Wirklichkeit entsteht nicht durch Tatsachen, sondern immer nur durch das, was Sie in Ihrem Denken zur Wirklichkeit machen.

Es müssen auch gar nicht immer reale Dinge sein, die unangenehme Gedanken entstehen lassen. Oft reicht es, dass wir irgendwo irgendetwas hören oder sehen, das uns an etwas erinnert und – der Drache wacht auf. Bereit für sein Lieblingsspiel: Sie zu quälen mit Dingen, die Sie im Moment in keinster Weise ändern können. Aber die natürlich Energie kosten.

Kommen Sie zum Beispiel auf dem Weg zu einem vielversprechenden Geschäftsabschluss an einem Geldinstitut vorbei, wird Sie der Drache umgehend an Ihre überfälligen Rechnungen und Ihr leeres Konto erinnern. Natürlich müssen diese bezahlt werden. Aber erstens können Sie das jetzt ohnehin nicht tun, und zweitens nimmt Ihnen das nur die Konzentration für die bevorstehende Verhandlung.

Wenn Sie den Drachen zähmen möchten, müssen Sie in dieser Sache sehr, sehr streng sein. Denken Sie immer daran, dass die Energie, die Sie für unerfreuliche Gedanken aufwenden, Sie nicht nur schwächt, sondern auch woanders fehlt.

»Das Auftreten eines bösen Gedanken«, sagt ein alter Zen-Spruch, »ist eine Krankheit: ihn nicht fortzuspinnen ist die Medizin.«

Der Drache liebt wertlose Informationen

Der Drache muss noch eine andere Form der Enthaltsamkeit lernen. Die gegenüber seinen Freunden, den anderen. Und das in zweierlei Hinsicht. Zum einen müssen wir verstehen, dass uns manche Dinge einfach egal sein müssen. Was hat es schließlich für einen Sinn, sich über Gegebenheiten den Kopf zu zerbrechen, die Sie weder jetzt betreffen noch jemals betreffen werden?

Wenn Sie in der Zeitung lesen, dass sich im Ort O der Stadtsekretär in gröberem Ausmaß an der Gemeindekasse vergriffen hat und jetzt straffrei davonkommen soll, was fühlen Sie dann? Woher wissen Sie aber, ob das überhaupt wahr ist? Selbst wenn: So Sie weder den Ort noch den Sekretär kennen, ist es dann nicht schade um die für diese Emotionen aufgebrachte Energie? Denn ändern werden Sie mit bloßem Ärger nichts.

Viele Drachen lieben auch diese nutzlosen Informationen, die Sie nur hinunterziehen. Wie sonst wäre es zu erklären, dass wir den Ausgang einer Katastrophe nur dann zitternd verfolgen, wenn Landsleute davon betroffen sind? Ginge es allein um die Information, müsste uns die Nationalität der

Betroffenen gleichgültig sein. Auf der anderen Seite scheint es, als würde diese Gier nach wertloser Information viele Dinge erst ermöglichen.

Lassen wir wieder einmal kurz die Moral beiseite. Stellen Sie sich vor, in der Stadt S ereignet sich ein schrecklicher Terroranschlag. In einer E-Mail an die Medien bekennt sich dazu die Organisation O und kündigt gleichzeitig weiteren Terror an. Nun stellen Sie sich weiter vor, dass alle Medien in einer Antwort-Mail der Organisation O mitteilen, dass sie weder über diesen noch über irgendeinen zukünftigen Anschlag berichten würden. Was meinen Sie, wäre die Folge? Was aber würde umgekehrt passieren, berichteten die Medien auf den Titelseiten über diese Angelegenheit?

Wie gut man ohne gewisse Informationen auskommen und wie glücklich man ohne sie sein kann, ohne dass man irgendetwas versäumt, habe ich beim Reisen gelernt. Ich bin beruflich oft in Gegenden unterwegs, in denen ich keinen Zugriff auf Nachrichten habe. Ich erfahre also nichts von Korruptionsskandalen, Finanzkrisen und zurückgetretenen Bürgermeistern. Und ich darf Ihnen versichern, ich komme sehr gut ohne das alles aus.

Gleiches funktioniert auch bei Gerüchten, zufällig belauschten Gesprächen und einfach bei allem, was uns nichts angeht. Glauben Sie mir, man muss nicht alles wissen.

Seien Sie hilfsbereit, ohne sich einzumischen

Wir müssen aber zu guter Letzt auch Enthaltsamkeit lernen gegenüber den Sorgen anderer Menschen. Das hat nichts mit Ignoranz zu tun und ist auch keine Aufforderung, jemandem nicht zu helfen. Wie der Name aber schon sagt, sind die Probleme der anderen die Probleme der anderen. Wenn Sie also jemand bittet, für ihn etwas zu tun, und Sie sind dazu in der Lage, dann tun Sie es und entfernen Sie die Sache aus Ihrem Kopf. Leiden Sie nicht mit, das hilft niemandem. Der Drache nimmt alle Sorgen, die andere bei Ihnen abladen mit Freude an. Er baut diese zuerst in Ihre eigene Wirklichkeit und dann in Ihr Leben ein.

Die Weisheit des Lebens besteht im Ausschalten der unwesentlichen Dinge, sagt man in China. Wer sich von unnötigen Dingen ablenken lässt, verschwendet viel Energie. Und er versäumt die wahren Chancen im Leben.

Lernen Sie selbst zu entscheiden, was Sie in Ihre Gedanken und damit in Ihr Leben lassen, und entfernen Sie alles, was dort nicht hingehört.

Vergessen Sie nicht: Wo Sie nicht gerufen werden, da braucht man Sie auch nicht. Und dort, wo man Sie braucht, lösen Sie nicht die Schuldfrage, sondern das Problem.

GEBUNDENE ENERGIEN FREISETZEN

Die folgenden Fragen zeigen Ihnen, wie viele Dinge Sie ständig tun, ohne es eigentlich zu wollen, und wie viel Zeit und Energie Sie damit verschwenden.

Wie viele Minuten verbringen Sie am Tag mit unangenehmen Gedanken?

....

Das sind in achtzig Jahren?

....

Was ärgert Sie am meisten, obwohl es Ihnen völlig egal sein könnte? Und warum?

....

Wer profitiert von Ihrem Ärger?

....

Wo könnten Sie die Energie, die Sie mit Ärger verschwenden, besser brauchen?

....

Ohne welche Informationen könnten Sie auf keinen Fall leben? Warum?

....

Sind Verbote stärker als das Gewissen?

....

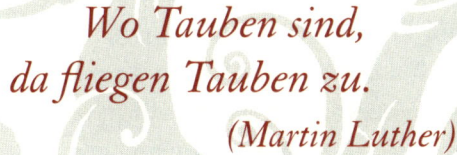

Wo Tauben sind,
da fliegen Tauben zu.
(Martin Luther)

7. Die Strategie der Anziehung

Wer auf die Jagd nach einem Tiger geht, muss damit rechnen, einen Tiger zu finden. (aus Indien)

Erkenne, dass du Glück, Erfolg und Reichtum ganz bewusst in dein Leben ziehen kannst.

Sie haben sicher schon gehört, dass Tiere, die auf Partnersuche sind, Duftstoffe aussenden. Das sind Gerüche, von denen sich ausschließlich artgleiche Lebewesen angezogen fühlen. Ein Tiger fühlt sich also vom Geruch eines Tigers angezogen und ein Adler von dem eines Adlers. Ohne, dass Tiger oder Adler irgendetwas über diesen Mechanismus wissen, ziehen sie mit dieser Technik automatisch jene Wesen in ihr Leben, die zu ihnen passen.

Es ist ein Naturgesetz, das Gleiches immer Gleiches anzieht. Das funktioniert so selbstverständlich und so fehlerlos, dass es die meisten von uns überhaupt nicht wahrnehmen. Auch unser Drache begibt sich ab und an auf Brautschau. Er versprüht Duftstoffe, um passende Partner in sein Leben zu holen. Sein Lockmittel sind unsere Gedanken. Auch das funktioniert so selbstverständlich und so fehlerlos, dass den wenigsten Menschen dieses lebensbestimmende Gesetz der Anziehung überhaupt bewusst ist.

Vereinfacht ausgedrückt besagt dieses Gesetz, dass wir durch unsere Gedanken Dinge und Menschen in unser Leben ziehen. Da wir selbst über unser Denken bestimmen, so

sagt es weiter, können auch wir selbst entscheiden, wen oder
was wir anziehen und was nicht. Vielleicht haben Sie schon
bemerkt, dass Menschen, die grundsätzlich schlechtgelaunt
sind, keine fröhlichen Menschen anziehen. Eher schon sind
sie ein Magnet für Personen mit der gleichen schlechten
Laune. Zum Glück funktioniert das umgekehrt genauso.

*Möchten Sie von Menschen umgeben sein, die voller
Zuversicht und Freude im Leben stehen, dann müssen Sie nur
genau dieses Gefühl selbst aussenden.*

Wenn auch Sie bis jetzt ein Miesepeter waren, sich aber in
dieser Minute für ein Leben in Freude entscheiden, werden
Sie sehen, wie schnell sich alte Bekannte von Ihnen abwen-
den und neue in Ihr Leben treten werden. Jammern Sie
ständig darüber, dass eine Sache ohnehin nichts werden
kann, werden Sie Menschen anziehen, die mit Ihnen gemeinsam jammern. Da diese aber genauso denken wie Sie,
wird Ihnen das überhaupt nicht auffallen. Vielmehr werden Sie sich in deren Anwesenheit richtig wohl fühlen.
Sind Sie aber ehrlich davon überzeugt, dass eine Sache unbedingt ein Erfolg wird, wenn Sie nur die richtigen Mit-
streiter finden, werden Sie eben die Menschen in Ihr Leben
ziehen, die gemeinsam mit Ihnen genau diesen Erfolg erreichen werden. Oder wollten Sie für einen Chef arbeiten,
der Ihnen den ganzen Tag sagt, dass das alles ohnehin keinen Sinn hätte? Gleich und gleich, so sagt ein altes Sprichwort, gesellt sich gern. Da aber niemand außer Ihnen selbst
darüber entscheidet, was Sie denken und wie Sie daher
sind, entscheiden auch nur Sie selbst, wen Sie in Ihr Leben
ziehen.

Machen Sie bitte eine kurze Pause und denken Sie über Folgendes nach: Von welchen Menschen sind Sie bewusst in deren Leben gezogen worden? Das kann Ihr Lebenspartner sein, der beste Freund, die beste Freundin oder ein vertrauter Kollege. Bei welchen Menschen haben Sie in irgendeiner Form Einfluss auf deren Leben?

Nun denken Sie darüber nach, warum Sie von diesen angezogen worden sind. Finden Sie die Schnittstelle. Was haben, tun oder können Sie, was Sie für diese Personen anziehend gemacht hat? Um welche Art von Menschen handelt es sich? Sind es Jammerer oder Handler?

Lesen Sie bitte nicht weiter, bevor Sie nicht auf diese Frage eine Antwort gefunden haben. Dann stellen Sie die Frage umgekehrt. Wen haben Sie in Ihr Leben gezogen und womit? Um welche Art Menschen handelt es sich?

Genau wie Sie wahrscheinlich auch, so nutzt der Drache das Gesetz der Anziehung ohne viel Überlegung. Was kommt, so denkt er, das kommt, und nachdem die anderen Drachen so denken wie er, fühlt er sich in deren Gegenwart auch wohl. Schließlich hat er wie die meisten seiner Kollegen nicht wirklich ein Bewusstsein für die Möglichkeiten, die eine gewollte Anwendung dieser Strategie bringen kann. Helfen Sie ihm aber, diese zu verstehen, werden Sie ihn nicht mehr wiedererkennen. Der Drache wird auf Befehl all jene Dinge in Ihr Leben holen, die Sie wünschen, und alles von Ihnen fernhalten, was Ihnen schadet.

Den Drachen für Schwingungen sensibilisieren

Rein technisch funktioniert die Strategie der Anziehung sehr einfach. Wenn wir denken (was wir genau genommen immer tun), sendet unser Gehirn ähnlich einem Radiosender Energie aus. Diese verbreitet sich und wird von anderen Lebewesen unbewusst aufgenommen. Das bedeutet, dass der Drache die Schwingungen spürt und dann im Lagerraum nach einem passenden Gefühl sucht, das er uns bringt.

Das erklärt auch, warum wir die Anwesenheit einer Person in einem Raum wahrnehmen, ohne diese zu sehen, Tiere auf bestimmte Menschen besonders freudig zugehen, und wir uns in Gegenwart mancher Menschen wohler fühlen als in der anderer. Das sind dann jene Menschen, mit denen wir, wie man sagt, »auf einer Wellenlänge« sind.

Es ist aber sehr wichtig, zu verstehen, dass diese Schwingungen rein von den Gedanken und nicht durch das Wesen eines Menschen erzeugt werden. So gibt es Personen, deren Nähe wir zwar schätzen, die es aber letzten Endes alles andere als gut mit uns meinen. Auch Tiere vertrauen jenen Menschen, von denen sie nachher getötet werden.

Lernen Sie, Ihre Erwartungen zu zügeln

Ein sehr naher Verwandter der Anziehung ist die Erwartung. Es ist nämlich so, dass wir etwas viel leichter anziehen, wenn wir es auch erwarten. Das heißt aber umgekehrt nicht, dass alles, das wir erwarten, auch zwangsläufig in unser Leben kommen muss.

Man darf also durchaus einmal zweifeln oder etwas befürchten. Solange das nicht zur Grundeinstellung wird, macht das gar nichts. Wie hatte Frank Usemann gesagt? »Nie hätte ich geglaubt, Sportler des Jahres zu werden. Sonst wäre ich doch nicht mit ungeputzten Schuhe erschienen.« Will man die Strategie der Anziehung aber wirklich beherrschen, muss man vorher Meister werden in einer zweiten Technik: der Erwartungslosigkeit. Oft wird diese mit Gleichgültigkeit verwechselt. Ganz nach dem Motto: »Ich habe keine Ahnung, ob das überhaupt etwas werden kann. Wollen wir mal sehen.« So zieht man mit Sicherheit keinen Erfolg in sein Leben! Doch genau diesen soll die Strategie der Anziehung doch bringen!

Erwartungslosigkeit zu lernen ist so wichtig, weil negative Erwartung im Allgemeinen stärker ist als positive Anziehung.

Wir müssen also einerseits lernen, zu erwarten, dass Dinge geschehen. Auch wenn wir überhaupt keine Ahnung haben, wie das gehen soll. Weiter müssen wir uns von der Idee befreien, dass es Wege, die wir nicht kennen, auch nicht gibt. Sie kennen sicher den folgenden Dialog: »Ich glaube, das machen wir. Das wird sicher gut.« – »Und wie genau willst du das machen? Du kennst niemanden, der sich mit dem und dem auskennt und außerdem und überhaupt.« Interessanterweise funktioniert diese Abgrenzung im normalen Leben ja ganz gut. Oder haben Sie sich jemals überlegt, wie ein Koch in einer Stunde das Essen für eine ganze Gesellschaft auf den Tisch bringen kann? Nein? Dann waren Sie also erwartungsvoll gegenüber seinen Fähigkeiten, aber erwartungslos in der Annahme, dass es nicht klappt. Und haben das Essen natürlich auch bekommen.
Ein japanischer Kaiser, so berichtet eine alte Legende, machte sich auf die Suche nach seinem Meister. Er zog von einem Gelehrten zum nächsten, doch keiner konnte ihm genügen. Ein alter Mann hatte ihm einst gesagt, dass der

wahre Meister der gewöhnlichste sei. Er suchte also überall, konnte aber keinen gewöhnlichen Menschen finden. Schließlich kehrte er zu dem alten Mann zurück, der im Sterben lag, und bat ihn um noch einen Ratschlag, wie er seinen Meister finden könne. Der Sterbende sagte:»Du hast an den verkehrten Orten gesucht. Du bist zu Leuten gegangen, die auf diese oder jene Art herausragten. Wie kannst du von ihnen erwarten, dass sie gewöhnlich seien? Ich fürchte, du versuchst noch immer, den Außergewöhnlichen zu finden. Du magst ihn zwar als gewöhnlich einstufen, aber du suchst immer noch nach dem Außergewöhnlichen. Du hast nur die Definition geändert.«

Am nächsten Morgen dämmerte dem Kaiser, dass der Alte recht hatte. Der Wunsch fiel von ihm ab. Da traf er auf einen Bettler, den er schon sein ganzes Leben lang gekannt hatte – und der war sein Meister. Der Kaiser fragte den Bettler:»Wie kann es sein, dass ich dich bisher nicht erkennen konnte?« Der Bettler antwortete:»Weil du nach dem Außergewöhnlichen Ausschau gehalten hast. Ich war hier, du aber suchtest woanders. So hast du mich ständig verfehlt.«

Bleiben Sie Ihren Zielen treu

Eine negative Erwartung kann Sie davon abhalten, einen Weg, der Sie ohne Anstrengung zum Ziel geführt hätte, auch wirklich bis zum Ende zu gehen.

Folgen Sie mir kurz in das Land L, das Sie mit Ihrem Auto bereisen. Im Reiseführer lesen Sie von einem Ort O, den Sie unbedingt sehen möchten. Sie folgen einer breiten Straße, bis Sie zu einer Kreuzung kommen. Ein Hinweispfeil deutet

Ihnen, hier rechts abzubiegen, was Sie auch tun. Sie fahren die Straße einige Kilometer entlang, ohne dass weitere Hinweiszeichen auftauchen. Plötzlich endet die asphaltierte Straße, und Sie stehen vor einem Schotterweg. Weit und breit kein Mensch, keine Markierung, nichts. Auch wie es nach der langgezogenen Kurve weitergeht, erkennen Sie nicht.

Es erwacht der Drache. »Das soll die Straße zu diesem Ort sein? Der steht doch im Reiseführer! Da wird es wohl eine ordentliche Zufahrt geben! Du bist hier sicher falsch. Da hast du bestimmt irgendeine Abzweigung verpasst. Dreh lieber um.« Was Sie dann auch tun. Wegen einer zweihundert Meter langen Baustelle sehen Sie den Ort O nicht.

Sie müssen lernen, auch dort Erfolg zu erwarten, wo es schwierig scheint. Natürlich hätten die anderen die Beschilderung, die Straße oder was auch immer besser machen können. Hätten. Aber die Entscheidung, umzudrehen, haben Sie selbst getroffen.

Wenn Sie ein Ziel erreichen möchten, müssen Sie darauf vertrauen, dass Sie unterwegs alles in Ihr Leben ziehen werden, was Sie dazu brauchen.

Nehmen wir ein Lehrbuch. Versuchen Sie hier, ohne Vorkenntnisse eine Aufgabe aus dem letzten Kapitel zu lösen, werden Sie zwangsläufig scheitern. Kämen Sie aber deshalb auf die Idee zu denken, dass der Stoff für Sie ohnehin zu schwierig sei, und das Buch wieder zurückzugeben? Wohl kaum. Sie gingen viel eher davon aus, dass Sie auf dem Weg zu diesem letzten Kapitel alles Wissen bekommen, das Sie brauchen, um eben diese Aufgabe zu lösen.

Erwartung kann Anziehung aber auch noch auf eine andere Art im Weg stehen, wie Ihnen folgende praktische Übung zeigen wird.

Kommen Sie kurz mit in eine dieser Sendungen, in denen man mit wenigen richtigen Antworten eine große Summe Geld gewinnen kann. Dort sind Sie der Kandidat. Es trennt Sie nur noch eine letzte Frage vom Millionengewinn! Sollten Sie falsch antworten, gehen Sie leer aus. Umgekehrt ist die richtige Antwort fünf Millionen wert! Versetzen Sie sich also in die Situation eines Kandidaten, und legen Sie sich, bevor Sie weiterlesen, bitte auf eine Antwort fest.

- Hier ist Ihre Millionenfrage: Wie heißt das weibliche Schwein? A: Bachula, B: Sau, C: Ebra, D: Stupe. Lassen Sie sich ruhig Zeit mit der Antwort, es geht hier um eine Menge Geld.
- Wenn Sie sich auf eine Möglichkeit festgelegt haben, schreiben Sie bitte den entsprechenden Buchstaben auf.
- Fertig? Dann wollen wir ein wenig die Umstände ändern. Sie sitzen in der gleichen Show und vor Ihnen erscheint die gleiche Frage. Der einzige Unterschied ist, dass es diesmal die Einstiegsfrage ist. Fällt Ihnen die Antwort jetzt leichter?

Dieses Beispiel soll Ihnen zeigen, wie sehr die Erwartungshaltung von Menschen dazu missbraucht werden kann, diese zu manipulieren. Oder haben Sie mit einer so leichten Antwort gerechnet?

Angenommen, Sie wollen in einem Supermarkt das Produkt P kaufen. Sie haben vor, gleich eine größere Menge anzuschaffen. Zur Auswahl stehen zwei Packungsgrößen: eine kleine für 7,25 Euro und eine große mit dem dreifachen

Inhalt für nur 21,95 Euro. Zu welcher Packung greifen Sie? Warum?

Tatsächlich wären Sie ja mit drei kleinen Packungen billiger davongekommen. Die wichtigste Voraussetzung, um die Strategie der Anziehung mit all ihrer Kraft anzuwenden, ist zu verstehen, dass Konditionierung Wirklichkeit aufbaut. Wir meinen, wenn etwas 100-mal so und so gewesen ist, dann wird es auch beim 101. Mal so sein. Warum sollte es? Nichts ist unveränderbar. Selbst wenn etwas 1000-mal nicht geklappt hat, heißt das noch lange nicht, dass es auch beim 1001. Mal nicht klappt. Wenn Sie bisher andere Erfahrungen gemacht haben, liegt das wohl daran, dass Sie genau diese Erfahrung erwartet haben. »Was die Zukunft betrifft«, hat der Schriftsteller Antoine de Saint-Exupéry gesagt, »ist deine Aufgabe nicht, sie vorauszusehen, sondern sie zu ermöglichen.«

Lähmenden Zweifeln keinen Raum geben

Wer die Strategie der Anziehung nutzen möchte, muss also selbst den 1001. Versuch so sehen, als wäre es der erste. Sonst wird sich auch beim 100.000. Versuch nichts ändern. Was nicht funktionieren soll, wird auch nicht funktionieren.

Ich erinnere mich noch gut an ein Seminar, das ich gemeinsam mit einem der Mönche aus einem Shaolin-Kloster gehalten habe. Um die Möglichkeiten der Gedankenkraft zu demonstrieren, wollte der Meister ein Stück Eisen auf seinem Kopf zerschlagen. Er hatte seine Vorbereitungen gemacht, das Eisen in der Hand, holte aus, schlug es mit aller Kraft gegen seinen Kopf und es passierte – nichts. Ohne ein Anzeichen von Verwunderung oder gar Nervosität wiederholte er die Übung, schlug das Eisen erneut gegen seinen Kopf und es passierte – wieder nichts. Als wäre dies sein erster Versuch, nahm der Mönch daraufhin die Eisenstange, konzentrierte sich und zerschlug sie auf seinem Kopf. Wie Sie gesehen haben, kann man Menschen, die bestimmte Erwartungen haben, sehr leicht manipulieren. Besonders gerne lässt sich Ihr Drache, wie schon gesagt, von anderen Menschen füttern. Im Gegenzug zieht er dadurch oft wirkliche Probleme ins Leben seiner »Besitzer«.

Nehmen wir an, Sie möchten spontan verreisen. Sie gehen also in ein Reisebüro, um dort zu fragen, ob für den nächsten Tag in der Früh noch ein Flug verfügbar sei. Die Flugzeiten sind perfekt, Sie buchen den Flug und bezahlen alles. Die Mitarbeiterin übergibt Ihnen die Tickets, Sie kontrollieren diese, alles ist bestens. Fragen haben Sie auch keine mehr, und Sie stehen auf, um zu gehen.

Haben Sie alles? Gibt es noch etwas, das Sie aus dem Reisebüro brauchen? Denken Sie kurz nach, ob Ihnen noch irgendetwas fehlt. Falls nicht, können Sie ja gehen. Als Sie gerade die Türe öffnen, hören Sie hinter sich schon die freundliche Stimme der Angestellten. »Entschuldigen Sie, ich habe ganz vergessen, Sie zu fragen: Brauchen Sie keine Reiserücktrittsversicherung?«

Genau genommen nein. Sie fliegen in weniger als 24 Stunden und hatten so eine Versicherung bis jetzt auch noch nie. Sonst hätten Sie ja von selbst danach gefragt. Aber der Drache ist wach. »Was ist, wenn irgendetwas passiert? Du musst nur krank werden, oder einen Unfall haben oder irgendetwas! Du weißt, wie schnell das gehen kann! Und so teuer ist die Versicherung doch nicht…«

Sie haben jetzt zwei Möglichkeiten: Entweder Sie schließen

die Versicherung ab, oder Sie sind so ängstlich, dass am Ende wirklich etwas passiert. Der Punkt in diesem Beispiel ist natürlich nicht die Versicherung. Die ist durchaus sinnvoll und hat auch ihre Berechtigung. Es geht vielmehr darum, dass Sie ursprünglich gar nicht daran gedacht und daher auch keine Notwendigkeit dafür hatten, wie die vielen Male davor. Das Ganze wurde erst ein Problem, als jemand anderer Ihren Drachen geweckt hat, um ihn zu füttern.

Wie Sie Ihren Drachen richtig ansprechen

Kehren wir zurück zur Strategie der Anziehung. Ich habe schon an anderer Stelle auf die unglaubliche Macht der Sprache hingewiesen. Mit simpler Sprache können Sie einerseits Ihren Drachen zu Höchstleistungen motivieren, ihn aber andererseits auch völlig lähmen.

Wenn Sie Ihren Drachen lehren wollen, Gutes in Ihr Leben zu ziehen, müssen Sie mehr denn je darauf achten, wie Sie mit ihm sprechen.

Denken Sie daran, dass im Bereich der Sprache wenige Laute über Sein und Nichtsein entscheiden können! Ob Sie denken »Ich kann das!«, oder ob Sie denken »Ich kann das nicht!«, macht schließlich einen gewaltigen Unterschied. Gleichzeitig ist es auch allein mit Sprache möglich, unsere Erwartungen und Gefühle hinauf- oder herunterzubringen. Achten Sie einmal darauf, wie der Drache auf das folgende Beispiel reagiert.

Sie finden einen Prospekt, auf dem steht: »Auch Sie können es! Lesen Sie hier, wie Sie superreich werden! Mit unserer bewährten Methode ist es für jeden möglich, superreich zu werden … wenn er bereits reich ist.«

Haben Sie das Auf und Ab in Ihrem Bauch gespürt? Wo nun immer von der Macht der Gedanken die Rede ist, und davon, dass man mit diesen sein Leben nach Belieben gestalten kann, kommt unweigerlich eine Frage auf: Wenn das so einfach geht, warum tut es dann nicht jeder? Die Antwort ist einfach: Weil sich nur sehr wenige dieser Möglichkeit überhaupt bewusst sind. Ungezähmte Drachen sind faul und ziehen keine zusätzliche Arbeit in ihr Leben. Bleiben wir bei dem Beispiel mit dem Prospekt. Wer, glauben Sie, würde sich von diesem angezogen fühlen? »Die Reichen«, sagen Sie. Stimmt. Sind Sie reich? Nein? Dann können Sie auch nicht superreich werden.

Schon im Talmud, der heiligen Schrift der Juden, heißt es:
»Achte auf deine Gedanken, denn sie werden deine Worte.
Achte auf deine Worte, denn sie werden deine Taten.
Achte auf deine Taten, denn sie werden deine Gewohnheiten.
Achte auf deine Gewohnheiten, denn sie werden dein Charakter.
Achte auf deinen Charakter, denn er wird dein Leben.«

Wann aber ist man reich? Ein Betrag, den man besitzen muss, steht ja dort nicht. Woher wissen Sie aber dann, dass Sie nicht reich sind? Ich sehe das ja grundsätzlich anders. Angesprochen sind meiner Meinung nach jene, die sich reich fühlen. Reich ist schließlich nur, wer sich seines Reichtums bewusst ist. Dass Reichtum mit physischem Geld verbunden wird, ist nur eine Sache der Sprache.
Echter Reichtum entsteht ganz allein im Kopf. Das glauben Sie mir nicht? Dann stellen Sie sich vor, Sie wären ein sehr erfolgreicher Unternehmer. In den letzten Jahren haben Sie mehr Geld verdient, als Sie in zehn Leben ausge-

ben könnten. Sie besitzen bereits alles, was man für Geld kaufen kann. Wie reich Sie sind, beweist aber auch ein Blick auf Ihr Bankkonto. Dort steht eine Zahl mit so vielen Nullen, dass sie fast nicht in einer einzelnen Zeile Platz hat. Was empfinden Sie beim Anblick dieser Zahl? Welches Gefühl löst es in Ihnen aus, wenn Sie wissen, dass heute Nachmittag nochmals eine Riesensumme auf Ihrem Konto eingeht? Würde es etwas für Sie ändern, wenn die Bank in Wirklichkeit einen Großteil Ihres Geldes bereits verspielt hätte, Sie das aber nie erführen? Sie also Ihr Geld nie abheben könnten, das aber nicht wüssten, weil die Zahlen auf dem Konto ja die gleichen blieben? Fühlen Sie sich dann auch noch reich? Sind Sie es aber auch noch?

In einer Hinsicht ist die Welt der Gedanken der echten Welt sehr ähnlich. In seinem Buch »The Master Key System« schreibt Charles F. Haanel: »Dass Viel Mehr anzieht, ist auf jeder Ebene der Existenz wahr, und dass Verlust zu größerem Verlust führt, ist gleichermaßen wahr.«

Drachen also, die sich reich fühlen, werden noch reicher, und solche, die sich arm fühlen, noch ärmer.

Es ist also an der Zeit, Ihren Drachen mit jenem Grundstock auszustatten, auf dem er dann seinen Reichtum aufbauen kann. Wie aber fühlt man sich nun, reich zu sein, und wie wird man es?

Das passende Outfit für reiche Drachen

Bei der Strategie der Wechselwirkung habe ich Ihnen gezeigt, dass sich alles gegenseitig beeinflusst. Einer der herausragenden Beweise für dieses Prinzip ist die Kleidung. Wenn vor Ihnen zwei unbekannte Personen stehen, der eine in einer zerrissenen Hose und der andere im Maßanzug, welchem von beiden vertrauen Sie Ihr Geld an? Oder anders ausgedrückt, welcher der beiden zieht Ihr Geld in sein Leben? Warum? Sie wissen ja über beide nichts. Andersherum: Sie verhandeln mit einem Herrn im dunklen Nadelstreifenanzug über einen Millionenauftrag. Tragen Sie selbst in diesem Fall lieber billige Jeans, oder leihen Sie sich einen teuren Anzug? Warum macht es überhaupt einen Unterschied, wie Sie gekleidet sind? Weil Sie sich wahrscheinlich in einem der beiden Kleidungsstücke wohler fühlen. Tragen Sie Ihnen angenehme Kleidung, vermitteln Sie Ihrem Gegenüber ein Gefühl der Sicherheit und werden so auch den Auftrag in Ihr Leben ziehen. Denken Sie aber, falsch gekleidet zu sein, werden Sie genau diese Unsicherheit auch ausstrahlen. Ihre Garderobe bewusst so zu wählen, dass diese Ihnen Sicherheit und ein Wohlgefühl gibt, genau das ist der Grundstock für Ihren Reichtum.

Natürlich braucht auch der Drache ein Outfit. Solange er nur herumliegt, ist das nicht so wichtig. Doch wenn er für Sie tätig werden soll, beginnt er eitel zu werden. Sein Gewand kann zwar vermeintlich niemand sehen, aber Sie wissen, ob er sich darin wohl fühlt.

Lassen Sie uns also einen Anzug basteln. Nehmen Sie bitte ein kleines Stück Karton, und schreiben Sie mit einem dicken Stift darauf: »Es ist gut, dass du bist, wie du bist. Du kannst es.« Diesen Satz stellen Sie jetzt an einen Ort, an dem Sie ihn möglichst oft sehen können.

Anfangs wird sich der Drache in seiner neuen Bekleidung etwas unwohl fühlen. Er wird immer wieder versuchen, sie auszuziehen. Seien Sie streng zu ihm, und ziehen Sie ihn sofort wieder an. Schauen Sie auf das Schild. Nach einer Weile wird der Drache den Anzug gar nicht mehr bemerken. Sie werden staunen, was er plötzlich in Ihr Leben zieht, und verstehen, dass aller Reichtum nur von innen kommt.

DAS LEBEN BEREICHERN

Tatsächlich sind Sie viel reicher, als Sie es glauben wollen.
Untenstehende Fragen liefern den Beweis dafür.

Wie schmeckt der Wein reicher Leute?

....

Wenn man Leitungswasser aus Gläsern trinkt,
ändert es dann den Geschmack?

....

Warum sind Sie reich?

....

Kann man etwas in sein Leben ziehen, das man nicht benennen
kann?

....

Was tun Sie, um Glück in Ihr Leben zu ziehen?

....

Kann man Anziehung erzwingen?

....

Wie zieht man Geld in sein Leben?

....

Eines Tages wird alles gut sein,
das ist unsere Hoffnung.
Heute ist alles in Ordnung,
das ist unsere Illusion.

(Voltaire)

8. Die Strategie der Veränderung

In jedem Menschen steckt ein König.

Sprich zu dem König, und er wird herauskommen.

(aus Deutschland)

Erkenne, dass jede Möglichkeit zur Veränderung ausschließlich aus deinem Denken kommt.

Es gibt Tage, da geht von Anfang an alles schief. Es beginnt damit, dass man bereits beim Aufwachen auf einen grauen, bewölkten Himmel schaut. Draußen regnet es, die Stimmung ist schlecht, und genau so fängt der Tag auch an. Wir stehen mit dem falschen Fuß auf, schütten uns den Frühstückskaffee über die neue Hose, finden zu allem Überfluss den Autoschlüssel nicht und bemerken erst auf dem Weg ins Büro, dass wir die falsche Tasche genommen haben.

Die Laune des Drachen ist am Boden und wird es auch bis zum Abend bleiben. Was immer heute noch schiefgehen wird, es wird gar nicht anders sein können. Ihr Drache wird Ihnen ständig bestätigend »Das war ja ohnehin klar« zuflüstern, und Sie werden zufrieden nicken. Ein Tag, der so beginnt, ist gelaufen, bevor wir überhaupt erst richtig wach sind. Was sollte auch daraus noch werden?

Sie haben die Antwort sicher schon erraten: das, was Sie daraus machen. Wenn Sie einen problematischen Tag erwarten, werden Sie auch genau einen solchen bekommen.

Das ist aber unabhängig davon, wie er beginnt. Wenn Sie es nur richtig anstellen, können Sie auch nach einem guten Start einen unangenehmen Nachmittag haben. Wollen Sie das aber wirklich? Wohl kaum. Sonst wären Sie ja jetzt nicht hier. Sie müssen aber etwas ändern. Und zwar genau jetzt. Der richtige Zeitpunkt für Veränderung ist nämlich immer der, in dem wir gerade leben. Natürlich sind auch morgen in der Früh, Anfang nächster Woche und der Beginn des neuen Jahres mögliche Zeitpunkte. Aber worauf so lange warten? Ist es nicht schade um Ihre Lebenszeit? Es steht Ihnen selbstverständlich frei, Ihre Zeit dafür zu nutzen, sich mit Ihrem Drachen gegenseitig zu bedauern und auf das nächste Problem zu warten. Es kommt bestimmt. Dieser Tag vergeht auch so, und vielleicht wird es ja morgen besser. Heute jedenfalls ist überhaupt nicht Ihr Tag. Ähem, wessen sonst? Wie viele Lebenstage haben Sie, dass Sie so verschwenderisch mit diesem einen umgehen können? Ist Ihnen eigentlich klar, dass dieser Tag nur deshalb verloren ist, weil Sie das so entscheiden?

Mut zur Veränderung

Wenn es einmal wieder soweit ist, geben Sie sich einen Ruck. Beschließen Sie, dass genau dieser Tag der schönste Ihres Lebens wird. Reißen Sie sich ganz fest am Riemen. Tun Sie es sehr bewusst, und tun Sie es in jeder Minute. Sie wissen schon, der Drache. Wann immer er Sie mit einem »aber« an den Beginn des Tages erinnern möchte, stoppen Sie ihn. Sagen Sie ihm, dass es auch sein Tag ist, der da verloren geht.

Es scheint zwar bequemer zu sein, aber hören Sie trotzdem

auf, sich in alles, was schiefgeht, hineinfallen zu lassen. Wenn etwas nicht klappt, dann klappt es eben nicht. Das Leben ist dennoch schön und geht weiter. Jammern Sie nicht mit Ihrem Drachen. Zwingen Sie ihn stattdessen, mit Ihnen weiterzugehen.

Klar ist das am Anfang nicht einfach. Ich habe schon Drachen gesehen, die von ihren Besitzern regelrecht hinterhergeschleift wurden. Er wird es aber lernen, und dann werden Sie froh sein, ihn erzogen zu haben.

Sie erinnern sich vielleicht noch, dass Sie zwar manche Umstände nicht ändern können, wohl aber, was diese bei Ihnen bewirken. Der Philosoph Albert Schweitzer hat einmal gesagt: »Die größte Entscheidung deines Lebens liegt darin, dass du dein Leben ändern kannst, indem du deine Geisteshaltung änderst.«

Sie haben jetzt gesehen, dass Ihr Denken nicht nur den Wert jedes einzelnen Augenblicks festlegt, sondern auch das, was Sie von diesem bekommen. Nun ist das Leben nichts anderes als eine Aneinanderreihung von ebensolchen Augenblicken, deren Verlauf nur Sie selbst bestimmen.

Jede Veränderung braucht ein Ziel und das innere Wissen, dass dieses auch erreicht werden kann. Dass aber gerade diese beiden Dinge fehlen, ist der Grund, warum die meisten Veränderungen scheitern und am Ende alles beim Alten bleibt.

Wenn also etwas nicht so läuft, wie Sie es sich vorstellen, liegt es allein in Ihrer Hand, das zu ändern. So Sie ganz genau wissen, wie es sein soll, und in keiner Sekunde daran zweifeln, dass es auch sein wird, werden Sie alles im Leben erreichen, was Sie sich vorstellen können.

Drachen werden früh entmutigt

Um zu verstehen, warum sich der Drache mit Veränderung so schwer tut, müssen wir zurück in seine Kindheit gehen. Gleich allen anderen Wesen kommt er frei von jeglichen Einschränkungen und ausgestattet mit allen Möglichkeiten auf diese Welt.

Bevor es uns aber selbst bewusst wird, dass der Drache existiert, wissen es seine späteren Freunde, die anderen. Diese sehen es als ihre wichtigste Aufgabe, ihn zu einem vollwertigen Mitglied ihrer Gesellschaft zu erziehen. Das geschieht manchmal zu unserem, meistens aber zu deren eigenem Vorteil. Junge Drachen sind wild, voller Glaube an die eigene Kraft und leben in dem Wunsch, ihr Leben nach den eigenen Vorstellungen zu gestalten.

Nur sehr wenige der anderen können aber mit diesen Charakterzügen, die in ihren eigenen Drachen schon lange betäubt sind, umgehen. Aus lauter Angst, dass diese Eigenschaften unserem Drachen später einmal im Weg stehen könnten, füttern sie ihn oft jahrelang ausschließlich mit Sätzen wie: »Das haben sich schon gescheitere Leute überlegt«, »Dort werden sie gerade auf dich warten!« oder »Warte, bis dir gesagt wird, dass du gehen sollst!«.

Die Drachenkinder lernen also bereits sehr früh, dass Veränderung und eigene Entscheidungen grundsätzlich nur in sehr geringem Maße möglich und eigentlich unerwünscht sind. Aus diesen vermeintlichen Fakten bauen die jugendlichen Drachen dann ihren Lagerraum und dessen Grundausstattung. Denken wir nun als Erwachsene an Worte wie »Veränderung«, oder möchten wir allein eine Entscheidung treffen, bringt der Drache uns die entsprechende Assoziation.

Erinnern Sie sich noch an den »Lass das, du kannst das nicht«-Dialog? Da uns aber niemand sagt, dass dieses Verhalten des Drachen nur anerzogen ist, und die meisten von uns ihn sich überhaupt nicht anders vorstellen können, nehmen wir zur Kenntnis, dass er gar nicht anders sein kann. Was, Gott sei Dank, ein Irrtum ist.

Hört man die Leute reden, bekommt man das Gefühl, es gäbe zwei Gruppen von Menschen. Zum einen die kleine Gruppe jener Privilegierten, die ihre Träume leben dürfen. Und dann die große Gruppe derer, die ihr Leben träumen. Zu welcher dieser Gruppen gehören Sie? Warum? Wollen Sie zu dieser Gruppe gehören? Möchten Sie die Gruppe wechseln? Warum tun Sie es dann nicht?

Sie stimmen sicher mit mir darin überein, dass die meisten erfolgreichen Menschen nicht grundsätzlich als erfolgreiche Menschen geboren wurden. Alle Menschen, die gesund auf die Welt kommen, sind ganz allgemein erst einmal gleich.

Ein wirklich gezähmter Drache hat ungeahnte Kräfte.
Schließlich lebt er nur in seiner eigenen Welt. Er verschwendet
keine Energie auf irgendetwas, das andere sagen oder glauben,
und nimmt ohne Ihre ausdrückliche Erlaubnis nichts,
womit ihn andere füttern wollen.

Es folgt die Zeit, in welcher wir alle durch Familie, Freunde und unsere Umgebung geformt werden. Schließlich kommt der Zeitpunkt, an dem sich die Geister scheiden. Die kleine Gruppe derer, die erfolgreich werden möchten, spaltet sich von der großen Masse ab. Auf dem Weg an die Spitze übernehmen sie es ausschließlich selbst, ihre Drachen zu füttern. Auch wenn es oft viel bequemer wäre, dem

Drachen das bereitgestellte Futter zu geben, tun sie das nie. Denn nur durch »Alles ist möglich, wenn du es nur wirklich willst«-Sätze und mit Hilfe von großer Disziplin wird der Drache schließlich stark genug, seinen Besitzer über alle Hürden in den Himmel zu tragen.

Im Gegenzug müssen Sie sein Futter selbst anbauen, selbst gießen und selbst ernten. Sie müssen Ihrem Drachen all Ihre Liebe, Zuwendung und Zärtlichkeit geben. Er muss immer wissen, dass er für Sie der wichtigste ist. Er muss aber auch immer das Gefühl haben, dass Sie ihn dahingehend unter Kontrolle haben, dass Sie wissen, wohin die Reise geht. Die Mühe wird am Ende belohnt. Setzen Sie sich dann auf seinen Rücken, hebt er mit Ihnen ab und bringt Sie, wohin immer Sie wollen.

Die schlummernden Kräfte des Drachen wecken

Wollen Sie so einen Drachen haben? Wollen Sie es wirklich? Dann können Sie es. Denn solange der Drache lebt, ist er lernfähig und insgeheim begierig, seine angeborenen Eigenschaften wieder erwachen zu lassen. Erinnern Sie sich?

Drachen sind voller Glaube an die eigene Kraft und leben
mit dem Wunsch nach ständiger Veränderung.

Auch Ihr Drache. Gleichgültig, wer ihn erzogen und wer ihn gefüttert hat. »Was du bist«, hat Aldous Huxley gesagt, »hängt von drei Faktoren ab: was du geerbt hast, was deine Umgebung aus dir machte und was du in freier Wahl aus deiner Umgebung und deinem Erbe gemacht hast.«

Es ist also an der Zeit, dass sich Ihr Drache seiner Fähigkeiten wieder bewusst wird. Das größte Hindernis ist immer noch seine Trägheit. Auch wenn diese jetzt schon besser geworden ist, weil er ja abgenommen hat – wenn er sich aussuchen kann, getragen zu werden oder selber zu gehen, wird er sich für Ersteres entscheiden. Wie ein bequemer Mensch wartet er immer auf einen Impuls von außen, auf eine Aufforderung, etwas zu tun.

Das hat übrigens nicht vorrangig mit Faulheit zu tun, sondern kommt aus der Erziehung. Das waren diese »Wenn der das schon nicht geschafft hat, dann brauchst du es gar nicht versuchen! Lass es und mach lieber deine Sachen«-Sätze. Später dient dann genau das als Entschuldigung vor uns selbst. Heraus kommen dann jene Reisenden, die einen etwas mühsam zu erreichenden Ort, den sie gerne sähen, nicht besuchen, weil ein anderer meint, der wäre uninteressant. Die Drachen liegen im Halbschlaf herum, träumen von Veränderung und warten, dass sie gerufen werden. Von wem?

Wenn Sie, egal was, in Ihrem Leben verändern möchten, lassen Sie jetzt die Idee fallen, dass Ihnen irgendjemand sagen wird, was Sie tun sollen. Wer sollte das tun? Und warum? Und warum hat er es nicht schon längst getan?

Denke ich über solche Menschen nach, kommt mir immer das Bild einer Schulklasse in den Sinn. Nur, dass nicht Kinder, sondern Erwachsene darin sitzen. Im Klassenraum steht kein Lehrer, aber wie junge Schüler warten sie auf das Läuten der Pausenglocke. Nach einiger Zeit werden die ersten ungeduldig, packen ihre Sachen und gehen. Es folgen die nächsten und übernächsten. Bis die Klasse leer ist und nur noch ein einziger Schüler darin sitzt. Nämlich Sie.

Darf ich Sie fragen, worauf Sie warten? Warum? Denken Sie bitte kurz nach, wann Sie das letzte Mal auf eine Aufforderung gewartet haben, die dann nicht gekommen ist. Warum haben Sie nicht ohne Aufforderung gehandelt? Was war das Besondere an der Person, die Sie hätte auffordern sollen? Was ist Ihnen durch das Nichthandeln entgangen?

Ich kenne viele Menschen, die gerne Erfolg hätten. Trotzdem haben sie keinen. Neidisch schauen sie auf jene anderen, die das tun, was ihnen selbst vermeintlich versagt bleibt. Statt aber zu handeln, betrauern sie gemeinsam mit ihrem Drachen, wie sehr sie doch allen anderen gegenüber benachteiligt wären. »Der oder die haben ja einen großen Vorteil. Er hat dieses und jenes und kennt diese und jene Leute.« Verstehen Sie, warum diesen Menschen niemals der Durchbruch gelingen wird?

Werden Sie zielgerichtet aktiv

Einfach weil es ja einen Grund hat, dass jemand anderer etwas hat. Und weil es ebenso einen Grund hat, warum diese Menschen es nicht haben.

Wenn Sie also denken, der hat ja dieses oder jenes, aber ich habe es nicht und brauche es aber, dann jammern Sie nicht. Sorgen Sie lieber dafür, dass Sie es bekommen. Wenn Sie Hunger haben, beklagen Sie ja auch nicht das fehlende Essen, sondern gehen ins Geschäft und besorgen etwas. Warum klappt das auf anderen Gebieten nicht? Stehen Sie jetzt auf und tun Sie alles, was notwendig ist.

Ihr Drache ist vom langen Liegen schon zu schwach? Vergessen Sie das. Es gibt keine schwachen Drachen. Drachen können alles. Sie sind die stärksten und mächtigsten Wesen, die existieren. Sie können laufen, fliegen und zur Not sogar Feuer speien. Auch Ihrer. Selbst wenn er es vielleicht im Moment gerade nicht weiß.

Eines der faszinierendsten Beispiele, wie Vorstellung Veränderung bewirken kann, ist die Geschichte des Amerikaners George Eastman. Neben seiner Arbeit als Angestellter in einer Bank beschäftigt er sich zuerst in seiner Freizeit mit der Herstellung von fotografischen Filmen. Da das Geld, das er in der Bank verdient, nicht reicht, beschließt er, sein Hobby zum Beruf zu machen. Vom ersten Moment an ist Eastman überzeugt, dass die neugegründete Firma nur ein Welterfolg werden kann, und so gibt es bei der Namensfindung für das junge Unternehmen nur ein Kriterium: Man muss den Firmennamen in allen Sprachen der Welt richtig aussprechen können. Was aus der Idee geworden ist? Die Firma Kodak hat heute 40.900 Mitarbeiter und ist der größte Filmlieferant der Welt.

Anziehung und Veränderung fordern Beständigkeit. Es bringt nichts, immer wieder in großer Euphorie ruckartig zu ziehen und dann beim kleinsten Widerstand sofort aufzugeben.

Es ist wichtig, dass der Drache lernt, dass alle seine Kraft bereits in ihm ist. Das ist auch ein Naturgesetz. Jede Pflanze, jedes Tier und jeder Mensch wächst und verändert sich durch eine Kraft, die ganz allein von innen kommt. Der Drache muss also auf nichts warten, weil alles, was er braucht, schon da ist. Sie müssen das übrigens auch nicht. Mit roher Kraft allein kommt man aber nicht zum Ziel.

Wenn Sie beim Autofahren ständig das Gaspedal voll durchtreten und dann den Fuß voller Schrecken wieder zurückziehen, werden Sie nichts erreichen, als Energie zu verbrauchen. Es ist so, als wollten Sie ein Gummiband durchreißen. Hier hilft zwar große, aber wellenförmige Kraft nichts. Sobald Sie anziehen, wird sich das Gummiband dehnen, lassen Sie los, wird es sich wieder zusammenziehen. Die einzige Technik, die in diesem Fall zum Erfolg führt, ist jene, das Band so lange konstant weiterzuspannen, bis es reißt. Ich will Ihnen ein Beispiel geben.

Widerständen trotzen

Wer das erste Mal in Asien eine Straße überquert, sollte vor allem eines gelernt haben: immer weiterzugehen und unter gar keinen Umständen stehen zu bleiben. Man muss sich die Situation vorstellen wie folgt: Vor Ihnen liegt eine dreispurige Hauptverkehrsstraße, die auf acht Spuren befahren wird. Ihr Ziel ist die gegenüberliegende Straßenseite, Ihr Erfolg liegt darin, diese zu erreichen.

Die Regeln sind einfach: Niemand bleibt stehen. Die Autofahrer nicht und Sie auch nicht. Sobald Sie es gewagt haben, die Straße zu betreten, müssen Sie nur noch gehen. Immer weiter. Lassen Sie sich von nichts ablenken, fürchten Sie sich nicht.

Sie dürfen darauf vertrauen, dass alle anderen Verkehrsteilnehmer dafür sorgen werden, dass Sie sicher die andere Straßenseite erreichen. Zwar werden Hunderte Auto- und Mopedfahrer bedrohlich schnell auf Sie zukommen und Ihnen erst im vermeintlich letzten Moment ausweichen, aber es wird nichts passieren. Gehen Sie mit konstantem Tempo weiter, und Sie sind auch schon da. War gar nicht so schlimm, oder? Sehen Sie übrigens die vielen Menschen dort? Die stehen am Straßenrand, warten darauf, dass jemand den Verkehr für sie stoppt, und neiden Ihnen den Erfolg.

»Eine Veränderung tritt nicht dadurch ein«, schreibt die Personalentwicklerin Shakti Gawein, »dass wir uns selbst dazu zwingen, uns zu verändern, sondern indem wir uns bewusst machen, was nicht funktioniert.«

Eine erfolgreiche Anwendung der Strategie der Veränderung setzt drei Dinge voraus. Erstens zu wissen, was wir überhaupt erreichen wollen. Zweitens die Fähigkeit zur bewussten Vorstellung und drittens die Möglichkeit, unsere Gedanken auf ein Ziel zu fokussieren.

Die schwierigste Übung ist mit Abstand die erste. Genau zu wissen, was man eigentlich möchte. Einfach zur zu sagen, ich will ein Leben, mit dem ich zufrieden bin oder das einfach anders ist als mein bisheriges, reicht nämlich nicht. Das ist höchstens ein guter Anfang. Beauftragen Sie einen Architekten, Ihnen ein schönes Haus zu bauen, wird er Ihnen ein Gebäude errichten, das seinen Vorstellungen von einem schönen Haus entspricht. Ob es aber Ihnen auch gefallen wird, braucht ihn gar nicht zu interessieren. So ist es mit allem im Leben. Wo Sie sich nicht die Mühe machen, eine genaue Bestellung zu formulieren, müssen Sie nehmen, was Sie bekommen.

Wecken Sie also Ihren Drachen und sagen Sie ihm, dass es Arbeit gibt. Wenn ich Ihnen nun sage, dass Sie frei sind, Ihr Leben so zu gestalten, wie Sie es möchten, wissen Sie überhaupt, wie es sein sollte?

Wie sieht Ihr Leben aus?

Beginnen wir mit einer ganz einfachen Übung. Sagen Sie mir bitte, wie ein für Sie wunderbarer Tagesablauf aussieht. Kein Urlaubstag, sondern ein ganz normaler Tag Ihres Lebens, wie Sie Ihn täglich haben wollen.

Stellen Sie sich vor, Sie könnten ihn bestellen, müssten aber wie üblich ein Formular ausfüllen. Auch wenn es Ihnen mühsam erscheint, denken Sie jetzt darüber nach. Wann wachen Sie auf? Was sehen Sie als Erstes, nachdem Sie die Augen öffnen? Bleiben Sie noch liegen oder stehen Sie gleich auf? Wo sind Sie überhaupt? Wie sieht der Raum aus, in dem Sie schlafen? Leben Sie in einer Wohnung oder einem Haus? Wonach riecht es? Was frühstücken Sie? Wo?

Was ziehen Sie an? Tragen Sie einen Maßanzug oder lieber leger? Wie sieht Ihr Vormittag aus? Womit verdienen Sie Geld? Gibt es einen Arbeitsplatz? Wie gestalten Sie den Nachmittag? Treffen Sie am Abend Freunde oder sind Sie allein mit einem Partner? Wann gehen Sie schlafen? Was ist das Letzte, das Sie vor dem Einschlafen sehen?

Sollten Sie nicht auf alle diese Fragen sofort Antworten finden, nehmen Sie es als Aufgabe in die nächsten Tage mit. Aber vergessen Sie nicht, sie zu lösen.

Wenn wir schon beim Thema sind: Was genau schreiben Sie auf ein Formular, mit dem Sie »glücklich sein« bestellen können? Nehmen Sie bitte Stift und Papier und schreiben Sie es auf. Notieren Sie alles, wovon Sie meinen, dass es für Ihr Lebensglück notwendig wäre. Wir werden das Ergebnis weiter unten brauchen.

Gleichgültig, was Sie also erhalten oder erreichen wollen, der erste Schritt besteht immer darin, es wie eine Bestellung zu formulieren.

Die nächste Aufgabe ist es nun, sich das gewünschte Ergebnis ganz genau vorzustellen. Was wollen Sie eigentlich erreichen? Die Fähigkeit, sich ein Resultat exakt vorzustellen, zeichnet jene aus, die ihre Ziele mühelos erreichen.

Wie soll Ihr Leben aussehen?

Wechseln Sie die Position und werden Sie vom Kunden zum Architekten. In Ihrem Kopf muss jetzt ein ganz konkretes Bild von Ihrem Traumhaus entstehen.

Es reicht nicht, wenn Sie eine ungefähre Vorstellung haben. Sie müssen das fertige Haus ganz genau vor sich sehen und darin herumgehen. Wie groß sollen die Zimmer sein? Ist Platz für alle Möbel? Sind die Räume hell genug?

Ihre Vorstellung muss unglaublich stark sein. Wie sonst wollen Sie einen Plan zeichnen? Das Bild in Ihrem Kopf wird schließlich für die Zeit der Konstruktion Ihr einziger Anhaltspunkt sein, und die Qualität des fertigen Produkts wird nur von Ihrer Vorstellungskraft abhängen. »Die Vorstellung«, hat der Physiker Albert Einstein einmal gesagt, »ist alles. Es ist eine Vorschau dessen, was das Leben bringen wird.«

So sind auch die Resultate, die Sie erzielen, immer das Ergebnis dessen, was Sie sich zuvor vorgestellt haben. Sie wissen, Wirklichkeit entsteht im Kopf. Das gilt für eine Sekunde genauso wie für ein Jahr und für einen Fremden genauso wie für Sie selbst. Nichts kann geschaffen werden, wenn wir es uns nicht vorstellen können. Kein Haus, kein

Erfolg, kein Glück. Aber alles kann entstehen, sobald es in der Welt unserer Gedanken existiert. Ich finde es in diesem Zusammenhang auch interessant, dass der Mensch nichts erfunden hat, was es nicht in irgendeiner Form schon in der Natur gegeben hat.

Unsere Vorstellung mobilisiert den Drachen

Falls Sie die Grenzen ihrer eigenen Vorstellungskraft erkunden wollen, dann denken Sie doch einmal über die Begriffe »Ewigkeit« und »Unendlichkeit« nach.

Eines Tages, so erzählt eine Anekdote, beobachtete der junge Michelangelo seinen Vater, als dieser begann, einen rohen Stein zu behauen. Er hatte vor, aus diesem einen Löwen zu machen. Als Michelangelo ihn fragte, wie er denn aus diesem rohen Block ein Tier hauen wolle, antwortete der Vater: »Der Löwe ist schon in dem Stein. Du musst ihn nur herausholen.« Später erwarb der dann bereits erwachsene Bildhauer einen Stein, an dem sich viele andere Künstler schon erfolglos versucht hatten. Aus diesem holte Michelangelo die Figur des David, der heute als eines seiner Meisterwerke gilt.

Ich erinnere mich in diesem Zusammenhang an ein Gespräch mit meinem Friseur. Bis heute habe ich große Bewunderung für jene Menschen, die offensichtlich wissen, welche Haare sie wo wegschneiden und welche sie wo stehenlassen müssen, damit das Ergebnis unseren Erwartungen entspricht.

»Genau genommen«, so erfuhr ich damals, »ist das ja ganz einfach. Du musst nur die Person mit bereits geschnittenen Haaren vor dir sehen, und der Rest geht dann von selbst.«

Für mich war das ein sehr interessanter Ansatz. Bist du in der Lage, dir einen wunderbaren Schnitt vorzustellen, wird der Kunde auch einen solchen bekommen. Siehst du dich aber vor deinem geistigen Auge die Haare verschneiden, wird der andere mit genau einer solchen Frisur nach Hause gehen. Und siehst du gar nichts vor dir, wird sich auch am Haarschnitt des Kunden nichts ändern.

Sieh etwas vor dir, und es wird genauso werden

Wie sehr die Welt in unserem Denken unsere Lebenswelt beeinflusst, merkt man auch bei Personen, die an irgendeiner Art von Abhängigkeit leiden. Sie können sich Veränderung nicht vorstellen, und daher ist ihnen diese auch nicht möglich. Nehmen wir zum Beispiel die Raucher. Warum fällt es vielen, die damit eigentlich aufhören wollen, so schwer, es auch zu tun? Weil sie sich manches einfach nicht vorstellen können.

Ich habe selbst geraucht, es aber nach einigen Jahren wieder aufgegeben. Was übrigens ganz einfach war. Ich habe mir so lange ein Leben ohne Zigarette vorgestellt, bis ich es als ganz normal empfunden habe. Dazu habe ich mich bewusst in jene Situationen versetzt, die ich besonders mit dem Rauchen verbunden habe. So zum Beispiel ins Kaffeehaus. Auch wenn es für einen Nichtraucher wahrscheinlich eigenartig klingt, ein Kaffee ohne Zigarette ist für die meisten Raucher im Wortsinn nicht vorstellbar. Genau dorthin aber bin ich in Gedanken so lange gegangen, bis mir der Gedanke, mit rauchenden Freunden beisammenzusitzen, ohne selbst zu rauchen, zur Selbstverständlichkeit geworden ist.

Dann habe ich meinem Drachen mitgeteilt, dass ich ab sofort

nicht mehr rauche. Ich habe ihm nichts vom Aufhören gesagt oder von irgendetwas anderem, das nach Verlust oder Verzicht klingt. Ich habe einzig jede seiner Fragen nach einer Zigarette mit dem Satz beantwortet: »Ich rauche nicht.«

In einer alten Zen-Geschichte heißt es, dass einst ein Schüler seinen Meister fragte, wie er meditieren solle. Da antwortete der Meister: »Es ist so: Wenn ein vergangener Gedanke aufgehört hat und ein zukünftiger Gedanke noch nicht entstanden ist, gibt es da nicht eine Lücke?« »Ja«, sagte der Schüler. »Nun gut, verlängere sie! Das ist Meditation.«

Genauso ist es mit allen Dingen, die wir verändern oder beenden wollen. Um beim Rauchen zu bleiben: Wenn man eine Zigarette fertig geraucht und die neue noch nicht begonnen hat, gibt es da eine Lücke. Genau die gilt es nun zu verlängern.

Vorstellung ist nicht gleich Einbildung

Die Fähigkeit zur exakten Vorstellung ist deshalb so wichtig, weil Veränderung nichts damit zu tun hat, sich etwas einzureden. Es geht also nicht darum, zu seinem Drachen zu sagen: »Wir werden das schon irgendwie hinbekommen. Wir sind ja sooo gut!«, wenn dann nichts dahinter ist.

Wirkliche Veränderung muss Ihnen in Fleisch und Blut übergehen. Sie sollen sich nicht etwas einreden. Sie sollen vielmehr so lange üben, bis Sie wissen, dass die Dinge wirklich so sind.

Der einzige Ort, an dem wir unser Denken trainieren können, ist die Welt unserer Gedanken. Was auch immer wir also erreichen oder verändern möchten, wir müssen es erst einmal dort verändern. Alles andere kommt dann von selbst. Sich veränderte Umstände vorzustellen ist am Anfang etwas schwierig. Es wird aber dann immer leichter, bis es schließlich zur Selbstverständlichkeit wird. Haben Sie irgendeine Gewohnheit, ohne die Sie meinen, nicht leben zu können? Stellen Sie sich jetzt ein Leben genau ohne diese vor, und Sie werden verstehen, wo die Schwierigkeit liegt. Sobald Sie aber diese Technik beherrschen, macht es keinen Unterschied mehr, ob Sie das Rauchen aufgeben, Ihre Essgewohnheiten ändern oder mehr Selbstvertrauen erlangen möchten. Der Weg dorthin ist immer der gleiche. Entwerfen Sie im Kopf ein konkretes Bild Ihrer Wunschsituation. Sehen Sie sich also zum Beispiel ohne Zigarette neben rauchenden Freunden im Kaffeehaus sitzen, und fühlen Sie, dass es Ihnen dabei gutgeht.

Sind Sie nervös, weil es Ihnen Stress macht, vor Menschengruppen zu sprechen, gehen Sie in einen Saal, in dem tausend Menschen auf Sie warten. Stellen Sie sich ans Rednerpult, begrüßen Sie die Teilnehmer, warten Sie, bis Ruhe eingekehrt ist und halten Sie Ihre Rede. Sprechen Sie langsam, achten Sie auf Ihren Atem. Reagieren Sie auf Zwischenrufe, beantworten Sie Fragen, und fühlen Sie, wie unglaublich gut dieser lange Schlussapplaus tut. Es war einer der besten Vorträge, die ich je gehört habe.

Wenn Ihre Vorstellung keine Träumerei ist, werden Sie zu Beginn auch mit Ihren Emotionen und Ängsten konfrontiert werden. Sie werden nervös auf die ständigen Zwischenrufe des Herrn in der ersten Reihe reagieren, und Ihr erster Vortrag wird noch nicht flüssig sein. Fahren Sie einfach fort. Nach Ihrer zehnten Rede werden Sie sich selbst nicht mehr wiedererkennen.

Nehmen Sie jetzt bitte das Blatt, auf dem Sie vorhin aufgeschrieben haben, was Sie für Ihr Lebensglück bräuchten.

Nun gehen Sie einen Punkt nach dem anderen durch und stellen sich vor, das Gewünschte wäre schon seit längerer Zeit bei Ihnen. Sehen Sie es ganz deutlich vor sich. Sind Sie jetzt wirklich glücklich? Falls ja, unterstreichen Sie den Punkt doppelt. Falls nein, streichen Sie ihn durch.

Machen Sie die Übung gewissenhaft, und sorgen Sie dann dafür, die doppelt unterstrichenen Dinge oder Menschen in Ihr Leben zu ziehen.

Wirkliche Veränderung ist in erster Linie eine Veränderung der Denkweise. Gehen Sie zum Beispiel zu einem Verkaufsgespräch in der Erwartung, dem Kunden lästig zu sein, dann werden Sie diesem auch genau das vermitteln. Irgendwann ist die Rollenverteilung entstanden, dass der Kunde dem Verkäufer einen Gefallen tut, indem er zu dessen Lebensunterhalt beiträgt.

Auch wenn diese Meinung weit verbreitet ist, bei umgekehrter Betrachtungsweise scheint sie dann doch etwas eigenartig. Was wäre nämlich, würden sich plötzlich alle Verkäufer weigern, dem Kunden etwas zu verkaufen? Oder was, würde man die ungeliebte Werbung abschaffen und niemand mehr irgendwo plakatieren oder inserieren? Wenn Sie jetzt an das Überleben der Medien denken, das ist das kleinste Problem. Aber wie hätten Sie sonst erfahren, dass es das tolle neue Produkt, das Sie sofort haben mussten, überhaupt gibt? Wie überall gilt auch hier das Gesetz der Wechselwirkung. Was sollte aber jetzt ein guter Verkäufer im Kopf haben, wenn er zum Kunden geht? Den Geschäftsabschluss gar nicht so unbedingt. Das würde der Kunde mit großer Wahrscheinlichkeit durchschauen. Vertreiben

Sie die besten Gartengeräte der Welt, dann sehen Sie wie der Kunde nach erfolgtem Kauf voller Glück in seinem Garten steht und mit dem neuen Gerät arbeitet. Fühlen Sie seine Begeisterung?

Der Drache bündelt seine Energien

Ihr Drache ist nun so weit gezähmt, dass er bereit ist, seine Kraft dorthin zu richten, wohin Sie es ihm befehlen. Zeit also, ihm zu zeigen, wie er seine Energie fokussieren kann. Mit Hilfe einer Lupe kann man Sonnenlicht bündeln. Das heißt, dass die Strahlen so abgelenkt werden, dass sie sich in exakt einem Punkt in einer bestimmten Entfernung von der Linse treffen. Da hier gleichsam die gesamte Kraft der Sonne in einem Punkt konzentriert wird, fangen Gegenstände, die sich genau dort befinden, Feuer. Das Besondere daran ist nun, dass dieser Effekt nur dann eintritt, wenn wirklich alle Strahlen auf exakt diesen einen Brennpunkt gebündelt werden. Sobald diese auch nur den Bruchteil eines Millimeters gestreut werden und sich nicht mehr auf diesen einen Punkt konzentrieren, gibt es keine Wirkung mehr. Die gesamte Energie ist verloren. Ähnlich verhält es sich mit unseren Gedanken. Um eine Veränderung zu erreichen, müssen Sie alle Ihre Gedanken auf genau diese konzentrieren. Lassen Sie sich von nichts ablenken, verschwenden Sie keinen Strahl Ihrer kostbaren Energie.

Sobald Sie sich entscheiden, ein Ziel zu erreichen, haben Zweifel
daran, ob Sie es auch schaffen können, keinen Platz mehr.
Die sind nur verlorene Gedankenenergie.

DIE VORSTELLUNGSKRAFT AKTIVIEREN

Echte Veränderung braucht echte Kraft. Die Beschäftigung mit den folgenden Fragen soll Ihnen diese geben.

In was können Sie sich so richtig hineinsteigern?

....

Was wollen Sie schon lange verändern?

....

Wollen oder sollen Sie es ändern?

....

Was unterscheidet den Neujahrstag vom Ostersonntag?

....

Können Sie sich vorstellen, dass alle Ihre Wünsche
Wirklichkeit werden?

....

Können Sie sich vorstellen, den Rest Ihres Lebens
glücklich zu sein?

....

TEIL 3
Das Reiten des Drachen

Habe den Mut,
deine Erkenntnisse in deinem
eigenen Leben anzuwenden,
und du bekommst Flügel.

(Jeremy A. White)

*Das wirkliche
Geheimnis von Macht
ist das Bewusstsein von Macht.*

(Charles F. Haanel)

9. Die Strategie der Macht

Jegliche Macht beruht auf Anerkennung.
Kein Diktator kann befehlen, wo ein Wille,
ihm zu gehorchen, nicht vorhanden ist. (B. Traven)

Erkenne, dass du wahre Macht nie mit Gewalt,
sondern nur mit Zuwendung bekommen
kannst.

Wenn Sie hier angekommen sind, haben Sie Ihren Drachen gezähmt. Es war ein langer und sicher nicht immer einfacher Weg, aber Sie haben es geschafft. Gratulation!
Sie sind jetzt bereit, den Drachen zu reiten. Schauen Sie ihn einmal an. Ist er nicht schön? So schlank und doch voller Energie? Steigen Sie langsam auf, halten Sie sich an seiner Mähne fest.
Auf einem Drachen zu fliegen, hat einen Vorteil. Sie können vieles aus einer ganz neuen Perspektive sehen und sich über so manches einen Überblick verschaffen, der Sie erstaunen wird. Sind Sie bereit? Dann wollen wir.
Wenn Sie jetzt hinunterschauen, sehen Sie unten das Land L. Ein großes, weitläufiges Land mit vielen Millionen Einwohnern. L wird seit vielen Jahren praktisch von einem einzigen Mann regiert: dem Herrscher X. Ein Alleinherrscher im klassischen Sinn, bei der Bevölkerung mehr gefürchtet als beliebt. Ein Meister der Macht. Da unten steht er. Sehen Sie ihn? Stellen Sie ihn sich vor. Jenen Mann, nach

dessen Pfeife ein ganzes Land tanzt? Über hundert Millionen Menschen tun, was er befiehlt. Wie sieht er aus? Welche Statur hat er? Trägt er Uniform oder Zivil? Wie behandelt er seine direkten Untergebenen? X ist einer der mächtigsten Menschen dieser Welt.

So wollen Sie nicht sein? Das verstehe ich. Ich auch nicht. Sollen Sie auch gar nicht. Aber X ist ein Symbol für eines der interessantesten Phänomene, das die Kraft des Denkens hervorbringt: das Prinzip der Macht. Wenn es auch viele nicht wahrhaben wollen: Macht ist ein Teil des Funktionierens jeder Gesellschaft und ihre gekonnte Anwendung die wichtigste Voraussetzung, um in dieser zu überleben. Die Ausübung von Macht ist ein Teil des täglichen Lebens, den wir meist stillschweigend akzeptieren.

Macht an sich ist grundsätzlich weder gut noch schlecht, sie ist schlicht notwendig. Sie ist ein Ordnungswerkzeug der Natur.

Hätten Sie nicht Macht über Ihren Drachen erlangt, wie sonst könnten Sie ihn reiten? Wodurch Macht aber zu einer notwendigen Strategie wird, ist die Tatsache, dass sie nur zwei Richtungen kennt: entweder wir üben sie aus, oder sie wird an uns ausgeübt. Lassen Sie mich das kurz illustrieren. Angenommen, Sie haben ein Problem mit einem Produkt, welches nicht so funktioniert, wie es sollte. Sie rufen also beim Hersteller an, um es zu reklamieren.

Da der Mitarbeiter am Telefon sich nicht wirklich für Ihr Problem interessiert und nur bedauert, Ihnen nicht helfen zu können, verlangen Sie den Geschäftsführer. Leider hat der Mitarbeiter von diesem weder einen Namen noch eine Durchwahl, noch gibt es für Sie irgendeine andere Möglichkeit, mit diesem zu sprechen. Natürlich wissen Sie, dass der Mitarbeiter nur ein kleiner Angestellter ist und nichts dafür kann, und dass es die da oben sind, die so böse sind. Sie entschuldigen sich also für Ihren rauen Ton und vergessen dabei eines: Der Geschäftsführer ist deshalb nicht für Sie zu sprechen, weil eben jener kleine Angestellte, der ja angeblich nichts dafür kann, genau das ganz gezielt verhindert.

Hätten Sie den vermeintlich Unschuldigen Ihrerseits unter Druck gesetzt, wären Sie vermutlich zu Ihrem Recht gekommen. Das ist das Prinzip der Macht. Diese Technik funktioniert immer.

Worin lag die Macht der antiken Götter? In ihrer Unfassbarkeit. Es gab da niemanden, dem man etwas hätte erklären oder von dem man hätte Gnade erhoffen können. Auch ein Schreiben von einer gesichtslosen »Behörde« wird wohl einen stärkeren Eindruck auf Sie machen als ein Brief, den ein Herr H. schickt. Das ist das Spiel der Macht. Schließlich besteht eine Behörde aus vielen Herren H und Frauen F. Kehren wir aber zurück zum Herrscher X.

Der Schlüssel zur Macht

Lassen Sie kurz Ihre Moral beiseite und versetzen Sie sich in seine Situation. Was ist Ihrer Meinung nach das wichtigste Mittel, um an Macht zu gelangen und diese auch zu behalten? Was täten Sie an seiner Stelle?

Sie denken jetzt vielleicht an Möglichkeiten wie Einschüchterung und Gewalt. H bedroht seinen direkten Untergebenen, der genau das dann an die unter ihm Stehenden weitergibt, und so geht das weiter. Schauen Sie aber noch einmal hinunter. X ist offensichtlich unbewaffnet. Nur die drei Leibwächter tragen Schusswaffen, die sie jederzeit gegen ihn richten könnten. Auch rein körperlich ist X alles andere als ein mächtiger Mann. 1,55 Meter groß, halbseitig gelähmt, seit vielen Jahren an den Rollstuhl gefesselt. Seine Stimme ist dünn und leise, und nicht einmal ein Kind würde sich vor ihm fürchten. Wen wollte so jemand bedrohen?

Niemand würde X ernst nehmen, hätte dieser nicht R, seine sogenannte »rechte Hand«. Ein Hüne von 2,10 Meter Körpergröße mit der Kraft eines Bären. R sorgt nun dafür, dass die Befehle von X auch von den anderen Untergebenen gehört werden, die diese wiederum an ihre Helfer weitergeben. Er sorgt gemeinsam mit diesen dafür, dass sich die Macht von X über das ganze Land verteilt.

Leider aber nicht nur das. So gilt X auch als der Mörder Hunderttausender Menschen, ohne dass er einer einzigen Person auch nur ein Haar gekrümmt hätte. Wie das möglich ist? Tausende Helfer haben in vorauseilendem Gehorsam jene Einwohner ermordet, von denen sie dachten, sie würden X nicht gefallen. Was ist aber nun das Geheimnis dieses Herrschers? Worin liegt der Schlüssel zu seiner Macht? Haben Sie es erraten? In der Zuwendung.

Das Geheimnis wirklicher Macht ist nicht, den falschen Personen zu drohen. Es besteht darin, die richtigen Menschen zu loben. Die so Manipulierten werden schließlich alles daransetzen, jenen zu gefallen, welche die Macht haben, sie zu erheben oder sie zu vernichten.

R ist eine einfache Person. Wie alle anderen engen Mitarbeiter auch tut er alles, um X zu gefallen. Dieser wiederum geizt nie mit Lob. Wer nach seinen Vorstellungen handelt, wird dafür belohnt. Mit Titeln, Orden und anderen wertlosen Auszeichnungen. R ist schon Überoberberatungsbeauftragter. Weshalb X auch darauf verzichten kann, dem ihm ohnehin überlegenen R zu drohen.

Der Diktator reitet auf seinem Drachen voran, und all die anderen, ungezähmten Drachen folgen diesem wie einem Leithammel. Genau sie sind es auch, die die Schreckensherrschaft von X überhaupt erst möglich machen. Handeln sie aus Angst? Kaum. Sie könnten ja weglaufen. Sie wollen einfach dem großen Drachen gefallen. Und der wiederum nutzt genau diesen Umstand zu seinen Gunsten.

Zuwendung wirkt besser als Drohung

Ganz ähnlich verhält es sich auch in manchen Unternehmen. Viele Vorgesetzte haben selbst wilde, ungezähmte Drachen. Diese leben in ständiger Furcht, ihren Platz zu verlieren. Hören Sie die Drachen? »Wenn du deine Untergebenen (sagt schon alles, oder?) lobst, werden sie übermütig und respektieren dich nicht mehr. Lass das lieber.« Ihre Besitzer setzen daher auf die Verbreitung von Angst. »So Sie nicht bereit sind, diese Überstunden zu machen, müssen wir uns leider von Ihnen trennen.«
Der so Bedrohte möchte seinen Arbeitsplatz nicht verlieren und bleibt erstmal länger. Das ist der Weg der Gewalt. Wie oft dieser allerdings funktioniert und wohin er am Ende führt, ist eine andere Frage. Wer seinen Drachen reitet, geht einen anderen Weg. »Wissen Sie, Frau F, dass Sie jetzt noch bleiben und das fertig machen, nimmt mir schon eine große Last ab. Das ist toll von Ihnen.« Frau F errötet und bleibt.

Wer Menschen in seinem Sinne lenken möchte, muss verstehen, dass der einzige Weg zur Macht über Lob und positive Worte führt. Das ist eine Tatsache, die für den General einer großen Armee gleichermaßen gilt wie für den Chef einer kleinen Firma.

Damit wir uns richtig verstehen: Nicht jeder, der einen anderen lobt oder ihm ein Kompliment macht, möchte diesen auch ausnutzen. In den meisten Fällen ist es wahrscheinlich ehrlich so gemeint, wie es gesagt wird. Umgekehrt führt aber der einzige Weg zu dauerhafter Macht nur über nötigenfalls vorgetäuschte Zuwendung. Ehrliches wie auch manipulativ eingesetztes Lob ist für den Drachen wie ein Nasenring, an dem er von fremden Menschen durchs Leben gezogen wird. Lob schläfert ihn ein und macht ihn unvorsichtig. Drohungen hingegen machen ihn misstrauisch und abwehrbereit.

Macht ist jenes Feuer, das der Drache spuckt. Richtig eingesetzt kann es uns riesige Maschinen dienstbar machen. Lassen wir es aber in unserer Gier zu groß werden, zerstört es alles. Auch uns selbst. Wir dürfen Macht weder missbrauchen noch aber unterschätzen.

Was aber ist nun Macht? Vereinfacht gesagt, die Fähigkeit, andere Menschen dazu zu bringen, in unserem Sinn und Interesse zu handeln. Oder anders formuliert, das Füttern fremder Drachen, um diese nach unserer eigenen Vorstellung zu beeinflussen.

Macht ist aber nicht im Körper, Macht ist nur im Kopf. Wie sie bei R, der rechten Hand des Herrschers, gesehen haben, sind große, starke Menschen nicht automatisch auch mächtig. Macht hat, wer sich seiner Wirkung auf andere und seiner Fähigkeit, diese zu beeinflussen, bewusst ist.

Wie Sie fremde Drachen füttern

Ein älterer Kaufmann, so heißt es in einer alten Geschichte, zieht mit seinem Wagen aus der wunderschönen Stadt Venedig hinaus. Sein Esel tut ihm gute Dienste und zieht den Karren rasch voran. Nach einer Weile erreicht er eine verengte Stelle, die zwei Karren nicht nebeneinander passieren können. Gerade in diesem Moment kommt ihm ein zweiter Karren entgegen. Der Fahrer des anderen Wagens blickt ihm grimmig in die Augen und ruft: »Geh mir aus dem Wege, alter Mann, oder ich mache das Gleiche, was ich schon in Montecasino tat.« Erschrocken und verängstigt macht der Kaufmann sogleich Platz. Nachdem der Mann mit seinem Karren vorübergezogen ist, fasst sich der alte Kaufmann ein Herz und fragt schüchtern: »Was hast du denn in Montecasino getan?« »Nun«, antwortet der andere »dort bin ich ausgewichen und habe Platz gemacht.«
Ich erinnere mich auch gut an eine Szene in Indien. Ein Elefant kniet demütig vor seinem Treiber, der ihn mit einem Stock traktiert. Warum, so frage ich mich, lässt sich dieses riesige Tier, das mit einem einzigen Tritt zehn Menschen töten könnte, von dem kleinen Mann schlagen? Warum wehrt es sich nicht? Weil es sich seiner Kraft und der Möglichkeit der Gegenwehr nicht bewusst ist.
Sehr ähnlich verhält es sich, wenn sich hochaggressive Stiere von Menschen wie Lämmer zum Schlachten führen lassen.
Umgekehrt erinnere ich mich an eine andere Situation.
Ein sehr großer Hund geht auf eine sehr kleine Katze zu, in

der ganz offensichtlichen Absicht, diese zu tyrannisieren. Rein körperlich hat die Katze keine Chance, und ein schlimmer Ausgang der Situation scheint unausweichlich. Als sich der Hund aber nähert, bäumt sich die Katze auf, faucht ihn laut und böse an und schlägt mit den Krallen Richtung seiner Schnauze. Ich habe selten ein Tier so schnell flüchten sehen wie diesen Hund.

Wer Macht über andere gewinnen möchte, macht sich zunutze, dass ungezähmte Drachen nach nichts so sehr gieren wie nach Anerkennung. Sie tun alles, um diese zu bekommen.

»Das ganze Glück des Menschen besteht darin, bei anderen Achtung zu genießen«, hatte schon Blaise Pascal erkannt. Lob macht die Drachen süchtig. Mit Schmeichelei lässt sich daher jeder manipulieren, dem dieser Umstand nicht bewusst ist. Mit Gewalt hingegen bekommt man Autorität. Diese bringt Menschen dazu, uns das vorzuspielen, was wir sehen möchten. Sie führt zu keiner Veränderung und dient nur der Befriedigung unseres eigenen Drachen.

Ein Vietnamese hat einmal zu mir gesagt: »Wenn die Regierung uns verbietet, etwas vor dem Haus zu tun, dann tun wir es eben hinter dem Haus.« So einfach ist das. Macht hingegen lässt andere in unserem Sinne und richtig eingesetzt zu aller Vorteil handeln.

Ein kurzes Beispiel zur Illustration: Sie fahren auf der Autobahn und sind viel schneller unterwegs, als es erlaubt ist. Plötzlich sehen Sie vor sich ein Polizeiauto und reduzieren umgehend Ihre Geschwindigkeit. Warum das nichts mit Macht zu tun hat? Weil Sie in jener Sekunde, in der die Polizei die Autobahn verlässt, wieder Gas geben.

Was aber, wenn die Polizei auf die Suche nach den rücksichtsvollsten und besten Autofahrern ginge, deren Namen dann einmal im Jahr in einer großen Zeitung veröffentlicht würden? Eines ist jedenfalls sicher: Menschen, die rasen möchten, hält keine Strafe und keine Polizei davon ab.

Nicht fremde Interessen zu den eigenen machen

Bleiben wir noch kurz bei dem Beispiel mit der Firma. Es gibt dort auch eine Hotline, bei der man Probleme mit nicht funktionierenden Produkten bekanntgeben kann. Da das Unternehmen Probleme mit einem Zulieferer hatte, häufen sich dort seit kurzem die Beschwerden. Aus Kostengründen beschäftigt diese Firma bei dieser Hotline jedoch nicht eigene Mitarbeiter, sondern kauft die Leistung bei einem externen Callcenter zu.

Wir dürfen also davon ausgehen, dass jene, die sich dort oft böse Beschimpfungen enttäuschter Kunden anhören müssen, eigentlich überhaupt keinen Grund haben, zu diesem Unternehmen loyal zu sein. Man würde daher erwarten, dass sich die Callcenter-Mitarbeiter eher auf die Seite der aufgebrachten Kunden stellen.

Wie Sie wahrscheinlich aus eigener Erfahrung wissen, ist fast immer das Gegenteil der Fall. Jene, die die Beschwerden entgegennehmen, verteidigen das fehlerhafte Produkt, als wäre es ihr eigenes. Ein interessantes Machtspiel zuungunsten des Kunden.

Glauben Sie, dass man so etwas mit Gewalt erreichen oder lange aufrechthalten kann? Was täten Sie als Chef des Unternehmens, um diesen Zustand zu erreichen?

Ein weiterer Grund, dem Weg der Zuwendung den Vorrang vor jenem der Gewalt zu geben ist, dass die Macht von Drohungen nur auf der Phantasie wilder Drachen beruht. Es ist ihre fixe Vorstellung davon, was andere Menschen tun werden, die ihnen Angst macht. Sie sehen die vermeintlichen Konsequenzen schon so plastisch vor sich, dass sie alles tun, um diese zu vermeiden. Ein gezähmter Drache weiß aber um diesen Umstand, und daher ist die Drohung bei ihm wirkungslos.

Folgen Sie mir bitte in folgende Situation. In einem fernen Land haben Sie einem Juwelier eine Menge Geld gegeben und damit einen noch zu fertigenden Ring bezahlt. Als Sie

Baron Charles de Secondat hat gesagt: »Alle schüchternen Leute drohen gern, denn sie fühlen, dass Drohungen auf sie selber großen Eindruck machen würden.«

diesen abholen möchten, ist er nicht nur dünner als vereinbart, der Goldschmied hat auch ein viel billigeres Material verwendet als jenes, für das Sie bezahlt haben. Nachdem sich der Juwelier weigert, die Sache in Ordnung zu bringen, und Ihnen auch das Geld nicht zurückgeben möchte, drohen Sie ihm mit der Polizei. Während Sie diese verständigen, sehen Sie in Gedanken schon, wie der Betrüger in Richtung Gefängnis fährt, und sich selbst diesem schadenfroh zugrinsen. Das hat er nun davon.

Nach einiger Zeit treffen zwei Polizisten ein, die den Juwelier offensichtlich ganz gut kennen. Der Goldring, den der Kleinere von ihnen trägt, sieht dem in der Auslage sehr ähnlich. Die drei wechseln ein paar Worte in einer fremden Sprache, dann hört sich der größere Polizist Ihre Geschichte an. Es folgt die Übersetzung, alle drei lachen laut. Sie erfahren, dass die Polizei hier leider nichts tun kann, und die beiden ziehen wieder ab. Werden Sie wieder drohen? Vergessen Sie nie, dass gerittene Drachen den ungezähmten in jeder Hinsicht überlegen sind. Und überlegen Sie bitte kurz, wie Sie in dieser Situation zumindest einen Teil des zu viel bezahlten Geldes zurückbekommen können.

Recht haben heißt nicht recht bekommen

Genau die Angst vor dieser Situation ist es aber umgekehrt, die viele Menschen davon abhält, etwas zu tun, obwohl sie wissen, dass sie ungerecht behandelt worden sind. Jene, die von ihrem Drachen beherrscht werden, der träge im Eck liegt und nichts verändern möchte, hören ihn flüstern: »Lass das lieber. Das bringt doch eh nichts. Die sind viel mächtiger als du. Es ist nur schade um die Energie.«

Ein Beispiel: Sie besitzen ein kleines Geschäft, das mit einer Überwachungskamera ausgestattet ist. Eines Tages bemerken Sie, dass jemand eine Kleinigkeit gestohlen hat. Tatsächlich ist der Dieb auf dem Videoband zu sehen, und Sie erkennen ihn. Am nächsten Tag begegnen Sie ihm auf der Straße. Wie verhalten Sie sich?

Einige Zeit später lesen Sie in der Zeitung, dass der Chef einer Bank eine unfassbar große Summe Geld verspekuliert und damit das Unternehmen in Konkurs gebracht hat. Unglücklicherweise hatten Sie genau bei dieser Bank Ihre gesamten Ersparnisse liegen, die dadurch auf einen Schlag verloren sind. Zwei Tage später begegnen Sie dem Spekulanten bei einer großangelegten Pressekonferenz, bei der die Anwesenden großes Verständnis für den Banker zeigen. Wie verhalten Sie sich?

Und wie verhalten Sie sich, wenn die Gruppe voller Zorn auf den Schuldigen losgeht? Oder der elegante Herr in der ersten Reihe dazu aufruft?

Es ist eine interessante Eigenschaft wilder Drachen, sich nur in Gruppen wohl zu fühlen oder in der Umgebung von Menschen, die ihnen sagen, was sie tun sollen. Dadurch nehmen sie sich aber die Möglichkeit, jenen, die über sie Macht ausüben, etwas entgegenzustellen. Oder haben Sie schon einmal von der Diktatur einer Gruppe gehört?

Weil nun Macht etwas ist, das ausschließlich in unseren Gedanken entsteht, sind es auch wir selbst, die anderen die Möglichkeit geben, Macht über uns auszuüben.

Grundsätzlich sind einmal alle Menschen gleich.
Ihre Macht über uns bekommen sie erst dadurch,
dass wir sie ihnen geben.

Nehmen wir an, Sie sind unterwegs zu einem Geschäftstermin. Sie treffen eine wichtige Person, die Ihnen einen großen Auftrag erteilen könnte, den Sie unbedingt brauchen. Auf dem Weg dorthin geraten Sie in einen Stau und kommen daher eine halbe Stunde zu spät. Sobald Sie nun dem Geschäftspartner gegenüberstehen, liegt es nur an Ihnen, ob Sie diesem Macht über sich geben. Sie haben jetzt nämlich zwei Möglichkeiten. Entweder Sie betreten ganz geknickt das Büro des potenziellen Kunden und entschuldigen sich zehnmal mit schlechtem Gewissen. Auch während der Verhandlung denken Sie ständig an Ihr Zuspätkommen.

Was immer jetzt folgen mag, Sie haben bereits verloren. Ihr Gegenüber wird Ihre Unsicherheit bemerken, Sie immer wieder daran erinnern und daraus Kapital schlagen. »Es ist ja schade, dass wir jetzt nur so wenig Zeit haben. Und so günstig ist Ihr Produkt ja nun auch nicht …« Natürlich können Sie ihm preislich entgegenkommen. Nur Ihre Provision ist damit leider dahin. Warum lassen Sie so etwas auch nicht Ihren Drachen übernehmen?

»Guten Tag, tut mir leid, dass ich zu spät bin, aber, wie Sie sicher im Radio gehört haben, war ein Riesen-Stau. Danke jedenfalls, dass Sie sich für mich Zeit nehmen und ich Ihnen unser Produkt vorstellen darf …« Thema erledigt. Kommen wir zur Sache.

Wie schon gesagt, Macht ist weder gut noch schlecht, sie ist einfach notwendig. Wer seinen Drachen reitet, ist immer jenen überlegen, die sich dessen Existenz nicht einmal bewusst sind. Steigen Sie auf seinen Rücken, nutzen Sie seine Kraft und bedenken Sie: Das wahre Geheimnis von Macht ist das Bewusstsein von Macht.

MACHTVERHÄLTNISSE KLÄREN

Ist Ihnen Ihr Umgang mit Macht eigentlich bewusst?
Das zeigen die folgenden Fragen.

Wer hat Macht über Sie?

....

Warum?

....

Über wen haben Sie Macht?

....

Wer lobt Sie mit dem Ziel, Sie zu manipulieren?

....

Wie wichtig ist es Ihnen, gelobt zu werden?

....

Haben Sie in Ihrem Umfeld Autorität oder Macht?

....

Ergänzen Sie: Macht ist für mich ...

....

Wer einen Tiger reitet,
kann nicht absteigen.
(aus China)

10. Die Strategie
der Furchtlosigkeit

Mut ist nicht das Gegenteil von Angst. Es ist vielmehr die Erkenntnis, dass etwas anderes wichtiger ist als die eigene Angst. (Autor unbekannt)

Erkenne, dass Respekt vor einer Situation sinnvoll, Angst in einer Situation aber gefährlich ist.

Manchmal frage ich mich, ob Drachen sich fürchten. Ich denke ja schon. Es sind zwar große, starke Tiere. Aber manchmal, so glaube ich, haben auch sie Angst. Sie meinen, das sei auch gut so, weil sie ohne Angst nicht lange überleben würden? Mag sein. Leben sie aber mit Angst länger? Grundsätzlich ist ein gewisser Respekt oft überlebenswichtig. Manches ist größer und manches ist mächtiger als wir, und so etwas fordert man besser nicht heraus. Es ist also zweifelsfrei eine gute Idee, einen schlafenden Tiger nicht zu stören. Aus Angst, Respekt, Feigheit, nennen Sie es, wie Sie wollen. Es macht auch keinen Sinn, seine Angst zu überwinden und von einem 200 Meter hohen Turm zu springen. Das wäre nicht mutig, sondern einfach nur dumm. Angst vor einer Situation ist also durchaus sinnvoll. Warum aber dann eine Strategie der Furchtlosigkeit? Weil Angst innerhalb einer Situation extrem gefährlich sein kann. Haben Sie den

Tiger erst einmal geweckt und er steht Ihnen gegenüber, drohend, groß und gefährlich, Sie mit dem Rücken zum Abgrund, was nutzt Ihnen dann Angst? Nichts. Jetzt müssen Sie schauen, wie Sie heil aus der Sache herauskommen. Fürchten kostet nur Energie, hat jetzt keinen Zweck mehr. Das hätten Sie sich früher überlegen müssen.

Ein Skirennfahrer, der mit 140 Sachen den Hang herunterrast, sollte auch in diesem Moment tunlichst keine Angst vor einem möglicherweise tödlichen Sturz haben.

Ängstliche Drachen machen Fehler

Gerade in ohnehin heiklen Situationen führt Angst oft zu Fehlern. Vor lauter Furcht, Fehler zu machen, machen wir gerade welche.

Ein Beispiel: Sie versuchen, mich in einem Computerspiel zu besiegen. Mein Punktestand, den Sie übertreffen müssen, liegt bei 2000 Punkten. Der Schwierigkeitsgrad des Spiels bleibt konstant, es wird also nicht mit höherer Punktzahl schwieriger. Trotzdem behaupte ich, dass Sie mit größerer Wahrscheinlichkeit bei 1960 Punkten jenen Fehler machen, der zu Ihrem Ausscheiden führt, als bei 160 Punkten. Und weiter behaupte ich, dass Sie mit abgeklebter Punkteanzeige durchaus auch 3000 Punkte und mehr erreichen könnten. Solange Ihnen der aktuelle Punktestand nicht bewusst wäre, hätten Sie keine Angst, einen Fehler zu machen.

Umgekehrt könnte ich diese Situation auch zu meinem Vorteil nutzen. Möchte ich Ihr Spiel beenden, reicht ein erstaunter Ausruf: »Wow! Noch vier Kugeln und Sie haben es geschafft!«. Zwei Kugeln später ist das Spiel für Sie auch schon vorbei.

Wir sehen oder hören etwas und entwickeln daraus unsere ganz eigene Geschichte und unsere eigenen Gefühle. Ich erinnere mich noch gut an einen meiner ersten Besuche in Kambodscha. Damals tyrannisierten noch Mitglieder des gestürzten Regimes die Menschen, und das Land galt als sehr gefährlich. Auf der anderen Seite waren Touristen eine der wenigen und daher eine der wichtigen Geldquellen. Da ich nicht nur die Hauptstadt sehen, sondern auch andere Teile des Landes erkunden wollte, nahm ich ein Taxi, um einen etwa 80 Kilometer im Landesinneren gelegenen Tempel zu besuchen. Die Fahrt verlief ruhig, und es gab keinen Anlass zur Sorge. Obwohl außer mir und meiner Reisebegleitung keine Besucher anwesend waren und die Anlage einen verlassenen Eindruck machte, sah ich keinen Grund, mich zu fürchten. Als wir nun begannen, den Tempel zu besichtigen, bemerkte ich, dass uns in geringem Abstand drei Soldaten folgten. Sie waren mit Maschinenpistolen bewaffnet, die sie demonstrativ schussbereit trugen. Wo immer wir Pause machten, um die Landschaft zu sehen, blieben auch die drei stehen.

Angst ist ein enger Verwandter der eigenen Wirklichkeit.
Sie hat weniger mit Tatsachen zu tun als mit dem,
was wir daraus machen.

Nach zwei Stunden hatten wir die Besichtigung beendet, und ich wartete darauf, dass mich unsere Begleitung auf Trinkgeld ansprechen würde. Das wäre nichts Ungewöhnliches, zumal in Asien oft Menschen ungefragt eine Leistung erbringen und dann um Bezahlung ersuchen. Als ich aber auf den Anführer der Gruppe zugehe, um ihn zu fragen, wie viel ich nun für die Begleitung schuldig sei, schüttelt er den Kopf. Gar nichts. Das sei nicht das Übliche hier. Sie würden von der Regierung bezahlt, um Touristen zu beschützen. Schließlich seien die alten Regierungstruppen noch immer überall.

Die Strecke auf der Rückfahrt habe ich mit anderen Augen gesehen. Vielleicht war mein Ausflug unter diesen Umständen tatsächlich gefährlich. Vielleicht waren die drei auch nur da, um zu zeigen, dass die Regierung es ernst meint mit der Sicherheit der Touristen. Vielleicht. Ich werde es wohl nie erfahren. Jedenfalls hätte ich mich ohne diese Soldaten viel weniger gefürchtet.

Wir erzeugen selbst unsere Ängste

Einer der häufigsten Gründe für die Entstehung von Angst ist, dass wir selbst sie erzeugen. Das bedeutet, dass jene Situationen, vor denen wir uns fürchten, eigentlich gar nicht in unser Leben wollen. Wir stellen uns Dinge vor, die oft nichts mit Tatsachen zu tun haben.

Lassen Sie mich ein Beispiel geben. Nehmen wir an, Sie sind mit dem Auto unterwegs und meinen, Sie hätten Ihren Führerschein vergessen. Plötzlich sehen Sie, wie aus einer Seitengasse ein Polizeiauto in genau jene Straße einbiegt, auf der auch Sie fahren.

Der Drache ist wach. »Warum fahren die eigentlich so langsam? Jetzt halten sie dich sicher gleich auf.« Sofort fällt Ihnen der vergessene Ausweis ein. War es nicht der Mann der Tochter des Freundes eines Bekannten der Frau Ihres Bruders, dem so etwas passiert ist? Der durfte doch dann gar nicht mehr weiterfahren. »Was tue ich jetzt?« Sie sehen sich schon mit den beiden Polizisten diskutieren und dann einen Bekannten anrufen, damit dieser Sie abholt.

Das Polizeiauto fährt an den rechten Straßenrand. Sie haben schon zitternd den Finger am Blinker, um diesem zu folgen. Was aber gar niemand von Ihnen fordert. Als Sie schließlich an der vermeintlichen Polizei vorbeifahren, sehen Sie, dass in dem Auto keine Polizisten, sondern ein Mechaniker sitzt. Wie auch Wirklichkeit entsteht Angst aus Fakten und dem, was Ihr Drache daraus macht.

Nützlich ist nur die Furcht der anderen

Wäre Furcht nämlich etwas, das rein auf Tatsachen beruht, wieso sollten wir uns dann bei einem Horrorfilm fürchten? Oder wie könnte jemand erfolgreich mit einer Plastikpistole eine Bank überfallen? Wer aber diesen Mechanismus kennt, kann ihn durchaus zu seinem Vorteil nutzen. Ein schönes Beispiel dafür ist die Drohung vieler Kunden, sich »an die Presse« zu wenden, falls bestimmte Forderungen nicht erfüllt werden. Viele Unternehmen fürchten sich vor negativen Schlagzeilen und werden daher klein beigeben, wenn der andere nur glaubhaft machen kann, das Vorhaben auch wirklich auszuführen.

Worin aber genau besteht eigentlich die Drohung? Der Angreifer erklärt, Kontakt zu Vertretern der Medien aufzunehmen und diesen seine Geschichte zu erzählen. Nicht mehr. In diesem Moment aber beginnt sich beim so Angegriffenen das Phantasierad zu drehen. Hören Sie den Drachen? »Medien ist gleich schlechte Presse ist gleich Umsatzrückgang ist gleich Pleite. Zahlt sich das wirklich aus?« Der Bedrohte geht also davon aus, dass die entsprechenden Zeitungen tatsächlich so sehr an diesem Fall interessiert sind, dass sie darüber schreiben werden. Des Weiteren nimmt er an, dass sehr viele Menschen diese Geschichte lesen und sich für den Fall interessieren werden und in der Folge sein Unternehmen meiden, so dass ihm dadurch ein Schaden entsteht. Der möglicherweise zu Unrecht Angegriffene entscheidet sich also für das vermeintlich kleinere Übel und erfüllt die Forderung seines Gegners. Interessant ist, dass der Angreifer tatsächlich nur damit gedroht hat, sich »an die Presse« zu wenden. Den Rest hat der Drache aus dem Lagerraum geholt, und der Bedrohte handelt nicht aufgrund von Fakten, sondern ausschließlich auf Basis eben dieser Vorstellung.

Das Gefährliche am Prinzip der Furcht ist, dass diese den Drachen lähmt.

Besonders deutlich wird dieser Umstand, wenn es darum geht, die eigenen Chancen in einem Duell einzuschätzen. Angenommen, Sie stehen in einem unvermeidlichen Zweikampf einem alten, gebrechlich wirkenden Mann gegenüber. Wie fühlen Sie sich? Was denken Sie? Wie werden Sie kämpfen? Dann will ich Ihnen etwas verraten: Ihr Gegenüber ist ein unbesiegbarer Meister der Kampfkunst. Er hat erst gestern vier Kämpfe gegen scheinbar übermächtige Gegner für sich entschieden. Wie fühlen Sie sich jetzt? Was denken Sie? Werden Sie anders kämpfen? Ich muss Ihnen etwas gestehen. Ich bin mir jetzt gar nicht mehr sicher, ob der Alte überhaupt dieser Meister ist. Nein, ich glaube, er ist es gar nicht. Er hat andere Hände. Wie fühlen Sie sich jetzt? Wie werden Sie jetzt kämpfen? Warum? Wenn ein

Kampf unausweichlich ist, weshalb würden Sie überhaupt mit unterschiedlichen Vorstellungen hineingehen, abhängig davon, was ich Ihnen erzähle? Erstens wissen Sie gar nicht, ob es überhaupt stimmt, und selbst wenn?

Das mächtige Gefühl der Angst

Verstehen Sie jetzt, wie sehr man jemanden mittels Angst manipulieren kann? Von allen Gefühlen und Emotionen, die es gibt, ist Angst mit Abstand die mächtigste. Um ihre wahre Macht zu verstehen, unterbrechen Sie bitte kurz, und überlegen Sie, was auf dieser Welt alles anders wäre, hätten wir Menschen keine Möglichkeit, anderen Lebewesen Angst zu machen. Denn anders, als Sie es vielleicht annehmen, ist Angst in einer Situation kein rationales Gefühl. Als solches wäre sie auch gewissermaßen unlogisch, da sie in den meisten Fällen zum Stillstand anstelle von Abwehr führt.

Selbst wenn es sich bei Drachen um große, starke Tiere handelt: Ein Drache, der sich fürchtet, zieht den Schwanz ein und ist zu nichts mehr zu gebrauchen. Auf eine gewisse Art ist Furcht wie das Gift einer Schlange, welches das Opfer lähmt. Auf die Schlange hat es keine Auswirkungen, und diese hat nun alle Macht über ihre Beute.

Angst ist die Feindin der Vernunft

Menschen, die Angst haben, hören auf, rational zu handeln, und lassen sich alles gefallen. Der Drache sitzt nur noch in einer hinteren Ecke, hält sich die Augen zu und hofft, dass alles möglichst schnell vorbeigeht.

Als ein Land auf einem fernen Kontinent begann, seine

Grenzen für Touristen zu öffnen, gab es dort Polizeibeamte, die diesen Umstand zu nutzen wussten und sich damit ein ansehnliches Nebengehalt verdienten. Und das ging so: Das oder die Opfer, meist unerfahrene Reisende, wurden von einem Polizisten mit einer fadenscheinigen Begründung aufgehalten. Sie hätten zum Beispiel die Straße an einer verbotenen Stelle überquert. Kaum hatten die Touristen, wie angeordnet, die Reisepässe übergeben, wurde auch schon das meist durchaus großzügige Strafausmaß festgesetzt. So konnte das Überqueren einer Straße bei einer angeblich roten Ampel durchaus schon mal 100 Euro und mehr kosten. Obwohl es an dieser Stelle gar keine Ampel gab. Aber ohne Bezahlung, so die Drohung der Polizisten, hätten die Reisenden ihre Pässe nicht mehr zurückbekommen.

Wir haben so sehr Angst vor einer Wirkung, dass wir nur gebannt zusehen und die Ursache nicht mehr beheben.

Auch wenn eine kurze Beschwerde beim Vorgesetzten des Beamten, nötigenfalls unterstrichen mit einem kleinen Geldschein, gereicht hätte, das Problem aus der Welt zu schaffen, entschieden sich die meisten aus Angst dafür, alles zu bezahlen.

Sehr ähnlich verhält es sich auch, wenn Leute Drohbriefe von Rechtsanwälten bekommen mit der Aufforderung für Leistungen zu bezahlen, die sie weder bestellt noch jemals erhalten haben. Auch wenn allen klar ist, dass diese Forderungen von keinem Gericht der Welt anerkannt würden, flößt ihnen die Tatsache, dass die Absender Anwälte sind eine derartige Furcht ein, dass sie bezahlen, obwohl sie gar nichts schulden. Gleichzeitig verhindert die Angst davor, dass ein bestimmter Umstand eintritt, auch, dass wir etwas dagegen tun. Mich erinnert das an Menschen, die wie gelähmt auf den Gleisen stehen und so lange auf den herannahenden Zug starren, bis dieser sie überrollt. Vor lauter Furcht geben sie anderen alle Macht über sich.

Folgen Sie mir bitte in ein Büro. Sehen Sie den Herrn dort hinten? Warum der so nervös ist? Weil er Punkt zwölf Uhr etwas abgeben sollte, und es so aussieht, als würde er damit nicht fertig. Es stimmt schon, er hat noch fünf Minuten, aber ich glaube, er braucht mindestens noch zehn. Wollen wir mal sehen. Noch eine Minute. Abgabeschluss. Fertig? Fast. Wenn er jetzt dranbleibt, ist es in drei Minuten erledigt. Bis jetzt hat auch noch niemand danach gefragt. Aber, was tut er jetzt? Er schüttelt den Kopf, wirkt total resigniert. Er steht auf und wirft die Blätter auf den Boden. Warum macht er das nicht einfach fertig? Ach so, sein Drache. »Vergiss es. Es ist Abgabeschluss. Das wird nicht mehr fertig. Jetzt kannst du dir vom Chef etwas anhören! Außerdem hast du dich da jetzt geirrt. Das darf doch nicht wahr sein ...«

Falls dieser Mann einen Chef hat, der seinen Drachen reitet, kann der wohl jetzt einiges aus ihm herausholen.

Wie Angst entsteht

Wenn wir unsere Angst besiegen wollen, müssen wir uns klarmachen, woher sie kommt. Wie schon geschrieben, Angst entsteht nicht aus Tatsachen, sondern aus unserer Vorstellung davon. Wir haben also in Wirklichkeit nicht Angst, weil wir uns in einer gefährlichen Lage befinden, sondern weil wir wissen oder glauben, dass es so ist. Umgekehrt haben wir auch in gefährlichen Situationen keine Furcht, solange uns diese nicht bewusst sind.

Stellen Sie sich bitte vor, Sie begegnen auf einer Wanderung einer Schlange. Sie betrachten ihr Muster und stellen fest, dass es sich um eine völlig ungefährliche Art handeln dürfte. Voller Interesse heben Sie das Tier auf und betrachten es von allen Seiten. Die Schlange scheint sich dabei durchaus wohl zu fühlen und macht es sich in Ihrer Hand bequem. Gerade wollen Sie die Schlange wieder zurück auf den Boden setzen, als plötzlich Ihr Wanderpartner auftaucht und einen entsetzten Schrei ausstößt:»Lass das! Die ist ja extrem giftig!« Den weiteren Fortgang der Geschichte können Sie sich sicher vorstellen. Im allerschlimmsten Fall erschrickt das Tier mit Ihnen und beißt Sie. Natürlich würden Sie später sagen, dass es ja genau das gewesen wäre, wovor Sie Angst gehabt hätten.

Im Film »Die 36 Kammern der Shaolin« muss sich ein Novize auf eine Prüfung vorbereiten, die den vielversprechenden Namen »Kammer der Angst« trägt. Seine Aufgabe soll darin bestehen, auf einem etwa 20 Zentimeter breiten Balken über ein kleines Becken zu balancieren. Der junge Mönch übt, bis die Übung sogar mit verbundenen Augen gelingt. Als er aber schließlich die Kammer betritt, wartet dort eine böse Überraschung. Das Becken, über das er gehen soll, sei, so erklärt ihm der Meister, mit Salzsäure gefüllt. Als Beweis dafür liegen auf dem Beckenboden die skelettierten Reste menschlicher Körper. Wenige, so erfährt der Prüfling, würden diese Kammer lebend verlassen. Zitternd betritt er den Balken. »Schau nicht nach links und rechts«, hatte ihm sein Meister gesagt, »konzentriere dich nur auf deine Schritte.« Aber die Angst ist größer. Der Novize ist nur noch darauf bedacht, nicht in die tödliche Flüssigkeit zu kippen. Nach drei Schritten beginnt er zu wanken, verliert das Gleichgewicht und stürzt – ins Wasser. Die Skelette sind nur aufgemalt.

Angst bringt aber noch ein weiteres Problem mit sich. Sie zieht Angstmacher an. Wie andere Tiere auch können Drachen Furcht förmlich riechen. Ganz unwiderstehlich fühlen sie sich von Wesen angezogen, die Furcht aussenden. Selbst der feigste Drache wird plötzlich zum Helden, wenn er spürt, dass andere sich vor ihm fürchten.

Wie sehr wir das anziehen, was wir fürchten, sehen wir, wenn Leute, die mit dem Auto ins Schleudern kommen meist mit jenem einzigen Baum kollidieren, dem sie so unbedingt ausweichen möchten.

Das Medium Tony Stubbs schreibt dazu: »Indem du angstvolle Gedanken in die Energiefelder um dich herum überträgst, veränderst du sie dadurch wirklich. Andere fangen deine angstvollen Gedanken unbewusst auf und erkennen dich als wartendes Opfer. Du lädst sie buchstäblich dazu ein, deine Opfermentalität zu stärken, und sie werden deine Einladung gerne annehmen.«

Angst ist ein Teufelskreis, in dem sich ungezähmte Drachen ein Leben lang drehen. Wie können Sie nun eine solche Situation mit einem gezähmten Drachen überfliegen?

Werden Sie sich darüber klar, dass Angst vor einer Gefahr nur durch das gezielte »Sich-bewusst-Machen« von Gefahr entsteht. Das ist nämlich kein rationaler Vorgang.

Haben Sie sich schon jemals überlegt, dass das Überqueren einer Straße bei einer grünen Ampel lebensgefährlich sein kann? Ist Ihnen bewusst, dass der Stuhl, auf dem Sie gerade sitzen, jeden Moment einbrechen und dass dies schreckliche Verletzungen nach sich ziehen kann? Bewusst ist es Ihnen wahrscheinlich. Aber fürchten Sie sich deshalb auch davor? Warum nicht? Bringen Sie die Sache, die Ihnen Angst macht, auf ein normales Level.

Rechtzeitig die »Angstbremse« ziehen

Menschen, die trotz Höhenangst irgendwo hinaufklettern müssen, wird oft der Rat gegeben, nicht hinunterzuschauen. Gleiches gilt auch hier. Überlegen Sie nicht, was auf keinen Fall passieren darf. Denken Sie ausschließlich Gedanken, die Sie weiterbringen. Sehen Sie sich den Balken überqueren und am Ende ankommen. Wenn Sie nichts von den Skeletten und der Salzsäure wüssten, hätten Sie ja auch kein Problem damit, oder? Oder denken Sie beim Überqueren der Straße daran, dass Sie erstens möglicherweise stolpern und sich ein Bein brechen, zweitens ein Auto Sie erfassen und schwer verletzen könnte und drittens Sie aus tausend anderen Gründen die andere Straßenseite nicht erreichen werden? Wenn in Ihnen das nächste Mal die Angst aufsteigt, stoppen Sie sie. Bedenken Sie, dass Sie nicht alleine sind. Sie reiten auf einem Drachen, was soll da noch passieren? Konzentrieren Sie sich darauf, die Sache zu einem guten Ende zu bringen.

Wenn Sie den Tiger einmal geweckt haben, vergeuden Sie keine Zeit mit Angst. Die haben Sie nicht. Schauen Sie, dass Sie heil aus dieser Nummer herauskommen. Es gibt da nichts zu fürchten. Viel schlimmer als die eigentliche Gefahr, so sagt man in Afrika, ist nämlich die Furcht vor ihr.

ÄNGSTE ÜBERWINDEN

Angst kann man nur besiegen, wenn man sich ihrer bewusst wird. Die Fragen sollen Ihnen dabei helfen.

Warum machen Sie kurz vor dem Ende viel eher Fehler?

....

Gäbe es keine Angst, was wäre in Ihrem Umfeld und Ihrem Leben anders?

....

Was haben Sie nicht getan, weil Ihnen jemand Angst gemacht hat?

....

Was haben Sie getan, nur weil Ihnen jemand Angst gemacht hat?

....

Was sind die Merkmale von Situationen, in denen Sie Angst bekommen?

....

Was war der letzte Fehler, den Sie aus Angst gemacht haben?

....

*Man muss das Normale staunend
und den Wahnsinn
in aller Ruhe betrachten.*

(Frédéric Beigbeder)

11. Die Strategie
der inneren Ruhe

Wenn man die Ruhe nicht in sich selbst findet,
ist es zwecklos, sie anderswo zu suchen.
(François de La Rochefoucauld)

Lerne, dass deine Ruhe und Gelassenheit
· *nur in dir selbst liegen.*

Vieles hat sich geändert seit der Zeit, als Ihr Drache Ihnen mehr ein fauler Gegner als ein dienstbarer Freund war. Früher hat er träge im Weg gelegen und hat seine Kraft nur dazu genutzt, vieles zu blockieren. Dann haben Sie ihn gezähmt, und jetzt sitzen Sie auf seinem Rücken und reiten ihn.

Ist Ihnen etwas aufgefallen? Seit seiner Zähmung ist er Ihnen ein richtiger Freund geworden, auf den Sie hören sollten. Es gibt Situationen, da tut man etwas, von dem man genau weiß, dass es schlauer wäre, es nicht zu tun. Wenn sich da der Drache zu Worte meldet: Übertönen Sie ihn nicht. Tun Sie, was er Ihnen empfiehlt.

Sie haben sicher schon bemerkt, welche ungeheure Kraft in so einem Drachen steckt. Vergessen Sie aber nicht, dass auch gezähmte Drachen trotz allem nichts anderes sind als extrem PS-starke Fahrzeuge. Diese bringen Sie mit Leichtigkeit genau dorthin, wohin Sie sie lenken. Im Gegenzug fordern sie in jeder Sekunde Ihre ganze Aufmerksamkeit. Würden Sie sich im Zustand von Wut oder extremer Unruhe hinter das Steuer eines solchen Gefährts setzen? Sollten Sie zumindest nicht. Vielleicht haben Sie das Gefühl, dass Ihr Drache durch das Zähmen so eine Art Autopilot erhalten hat, der ihm automatisch den Weg weist. Dem ist aber leider nicht so.

Sie können sich vorstellen, Sie haben aus einem Haufen Metall einen Wagen geschaffen, der auf Ihre Kommandos hört. Das bedeutet, Sie lenken ein kraftvolles Gefährt, mit dem Sie einerseits jedes Ziel erreichen, das andererseits aber auch ohne jede Gefühlsregung mit Ihnen gegen die Wand fährt. Der Unterschied zu früher ist jedoch, dass der Drache seine ganze Kraft erkannt hat und die Folgen in dieser wie jener Richtung ungleich stärker sind.

Den Drachen richtig steuern

Selbst wenn wir es uns wünschen, auch ein gezähmter Drache schützt uns nicht vor Emotionen. Sie müssen sich das Ganze ungefähr so vorstellen: Sie reiten auf Ihrem Drachen einem Ziel entgegen. Plötzlich sehen Sie rechts am Horizont etwas, das Sie zwar rein gar nichts angeht, aber furchtbar stört. Also beschließen Sie – wohlgemerkt, nicht Ihr Drache, sondern Sie selbst –, sich das einmal anzusehen. »Lass es«, sagt ein gezähmter Drache, »das ist schade um die Zeit. Gehen wir weiter.«

Zu spät. Sie lenken den Drachen in diese Richtung und haben schon den Weg zum Ziel verlassen. Das Schlimme an der Sache ist, dass Sie Ihre Reise nachher nicht an dem Punkt fortsetzen können, an dem Sie abgebogen sind. Mit etwas Pech müssen Sie wieder ganz von vorne beginnen und geben irgendwann auf, weil Sie meinen, dass das Ziel zu groß sei. In Wirklichkeit haben Sie sich nur mit völlig sinnlosen Dingen ermüdet. Einer dieser Gründe, vom Weg abzuweichen, ist Ärger. Grundsätzlich gibt es viele Dinge, über die wir uns ärgern können. Wir können uns darüber aufregen, wie Menschen aussehen, warum sie so aussehen, wie sie sich kleiden, wie sie sprechen, was sie sprechen, was sie denken, was sie arbeiten, warum sie nichts arbeiten, warum sie freundlich oder unfreundlich sind und so weiter und so fort. Wir können uns sogar darüber ärgern, dass wir uns den ganzen Tag nur ärgern.

Wollten wir es, wir könnten den ganzen Tag mit Ärger vertun. Aber was hätten wir davon? Ist es wirklich die Energie und den Umweg wert? Bedenken Sie, Sie können nicht gleichzeitig geradeaus reiten und rechts abbiegen. Es ist aber Ihre ganz persönliche Entscheidung, sich von Ihrem Weg ablenken zu lassen. Auch wenn diese nicht immer ganz bewusst erfolgt. Das ist wohl auch der Grund, warum so viele Menschen es auf ihren Drachen schieben. Wäre er nicht gezähmt, hätten Sie sogar recht. Jetzt aber, wo Sie ihn reiten, müssen Sie nur auf ihn hören. Wenn der Drache sagt: »Lass es!«, lassen Sie es. Ihr Drache ist Ihr Freund geworden. Vertrauen Sie ihm.

Machen Sie sich klar, dass Ihr Ärger wie jede andere Kraft in Ihnen selbst entsteht. Das können Sie nicht verhindern. Wenn Sie ihn aber nicht annehmen, wird er wieder verschwinden.

Ein naher Verwandter des Ärgers ist der Zorn. Im Gegensatz zum Ärger hat er aber in manchen Fällen eine durchaus wichtige Abwehrfunktion, weshalb er häufig ohne Vorwarnung kommt. Dort, wo jemand aber vor Zorn im Wortsinn »in die Luft geht«, verpufft nur Energie.

Wie Sie im nächsten Kapitel sehen werden, ist Zorn für viele Menschen eine Droge. Sie gibt ihnen vermeintlich die Kraft, Dinge zu tun oder zu sagen, für die ihnen sonst der Mut fehlt. Das Problem dabei ist aber, dass die Kraft des Zorns vergeht wie Schmerz, und damit jede Möglichkeit einer wirklichen Veränderung.

Zornige Drachen bändigen

Wenn Sie das nächste Mal vor Wut kochen und das Gefühl haben, dass der Drache gleich aus Ihrem Kopf herausspringen wird, steigen Sie sofort ab. Natürlich gibt es so etwas wie heiligen Zorn, aber das ist die letzte Stufe.

Bleiben Sie also auf keinen Fall auf Ihrem Drachen sitzen! Denken Sie daran, Ihr Drache wird seine ganze Energie darauf verwenden, exakt das zu tun, was Sie ihm auftragen. Und das ist in dieser Situation garantiert nichts Sinnvolles. Auch wenn um Sie herum gerade Himmel und Erde einstürzen, steigen Sie ab.

Nehmen Sie den Drachen an seinem Nasenring (dafür hat er ihn), und folgen Sie mir. Nehmen Sie kurz Platz. Zuerst einmal eine kurze Überlegung.

Sie haben in den letzten Kapiteln gesehen, dass alle unsere Gefühle nur im Kopf entstehen. Wenn nun Gefühle wie Zorn oder Stress in den Gedanken entstehen, müssen sie ja umgekehrt auch dort wieder zum Verschwinden gebracht werden können. Weitergedacht bedeutet das, dass wir genau dort auch ganz bewusst angenehme Gefühle wie Gelas-

senheit und innere Ruhe entstehen lassen können. Ich will
Ihnen zeigen, wie das geht. Folgen Sie mir also.

Sehen Sie dort hinten die Tür? Es ist Ihre Fluchttür. Gehen Sie durch und
schließen Sie sie hinter sich. Sie sind jetzt auf einer Insel. Niemand hat
hier Zutritt, nur Sie.

- Wie gefällt Ihnen die Landschaft? So schön grün und ruhig. Der See,
  in dem sich die Berge spiegeln.

- Achten Sie auf Ihre Atmung. Spüren Sie die klare Luft? Atmen Sie
  langsam ganz tief ein, bis Ihr ganzer Körper mit Luft gefüllt ist, und
  sofort darauf wieder aus. Spüren Sie, wie die Luft Ihren Körper durch-
  strömt? Schön, hier zu sein.

- Steigen Sie nun auf den Rücken Ihres Drachen, und bitten Sie ihn,
  Sie auf diesen ganz hohen Berg dort vorne zu bringen. Steigen Sie
  ab, setzen Sie sich rittlings auf den Gipfel. Lassen Sie links und
  rechts ein Bein herunterhängen, so, als würden Sie auf dem Drachen
  sitzen. Lassen Sie den Blick schweifen. Sehen Sie die Landschaft?
  Sie gehört nur Ihnen.

- Fühlen Sie den Berg unter Ihrem Gesäß? Während Sie weiteratmen,
  lassen Sie Ihren Unterkörper zu einem Teil des Berges werden. Nichts
  und niemand lenkt Sie bei dieser Übung ab, Sie sind auf Ihrer Insel
  ganz allein. Schön, hier zu sitzen.

Verlassen Sie Ihren Platz erst, wenn Sie spüren, dass sich in Ihrem Kopf
etwas verändert hat. Prägen Sie sich diesen Fluchtweg gut ein, und
üben Sie den Weg auf Ihre Insel in ruhigen Zeiten.

Manchmal gibt es Situationen, in denen ist der Drache schneller als wir. Noch bevor wir es wirklich bemerken, tobt er schon in unserem Kopf und wir mit ihm.

In diesen Fällen hilft eine andere Technik. Bleiben Sie auf dem Drachen sitzen. Atmen Sie gezielt, und machen Sie sich jede Ihrer Bewegungen bewusst. Dazu kommentieren Sie in Gedanken jede Ihrer Handlungen. »Ich stehe auf dem Boden, fühle meine Fußsohlen, hebe meinen rechten Fuß, stelle ihn wieder auf den Boden, schaue auf meine linke Hand«, und so fort. Es ist Ihnen wahrscheinlich bekannt, dass man nicht an zwei Dinge gleichzeitig denken kann. Beschäftigen Sie sich daher anderweitig, bis der Zorn vergangen ist.

Sie denken jetzt vielleicht, dass man gewisse Dinge doch nicht einfach so stehenlassen kann. Warum sollen alle anderen tun können, was sie möchten, und nur Sie sollen sich zurückhalten? Das hat niemand gesagt. Aber wo liegt Ihr Vorteil, wenn Sie sich provozieren lassen und ärgern?

»Du musst die Dinge sehen, wie sie sind, aber nicht so lassen«, sagt man in China.

Oft werden nämlich Gelassenheit und innere Ruhe mit Nichtstun verwechselt. Man muss aber gar nicht zornig sein oder sich über etwas ärgern, um Dinge zu ändern.

Denken Sie an ein Inkassobüro oder an einen Rechtsanwalt. Die beiden haben eines gemeinsam: Sie bekommen notwendige Dinge getan, ohne persönliche Emotionen zu investieren. Wie lange würde ein Anwalt leben, der sich in jeden Fall persönlich hineinsteigert? Und wie viel Erfolg hätte er wohl?

Erich Kästner hat einmal gesagt: »Was auch immer geschieht: Nie dürft ihr so tief sinken, von dem Kakao, durch
den man euch zieht, auch noch zu trinken!« Tun Sie also,
was zu tun ist, und lassen Sie den Ärger bei den anderen.
Wenn Sie das nächste Mal auf jemanden warten müssen,
der zu spät kommt, bedenken Sie, dass negative Gedanken
Ihnen selbst am meisten schaden. Ist die Person dann da,
erteilen Sie Ihr eine Rüge, und beenden Sie die Angelegenheit für sich. Lassen Sie sich auf keinen Streit ein und ärgern
Sie sich nicht. Auch wenn der andere unachtsam mit Ihrer
Zeit umgeht, vertun Sie nicht selbst noch mehr davon. Halten Sie es mit dem Schriftsteller Robert Green Ingesroll, der
gesagt hat: »In der Natur gibt es weder Belohnungen noch
Strafen. Es gibt nur Konsequenzen.« Verwenden Sie Ihre
Energie dafür, Ihre Ziele zu erreichen.

Das lähmende Gift innerer Unzufriedenheit

Es gibt auch eine andere Art, sich selbst den Boden unter
den Füßen wegzuziehen: ständig unzufrieden zu sein mit
dem, was gerade ist. Auch das führt in einen Teufelskreis.
Sie benutzen so viel Energie dafür, sich darüber zu ärgern,
wie die Dinge gerade sind, dass Sie keine Kraft und auch
keinen wirklichen Willen mehr haben, diesen Missstand zu
beheben.

Vergeuden Sie nicht die Energie Ihres Drachen,
indem Sie ihm befehlen, Dinge zu ändern, die er nicht ändern kann.

Ich will Ihnen ein Beispiel geben: Nehmen wir an, Sie leben
an einem Ort, an dem Sie nicht leben möchten. Sie mögen

das Wetter nicht, die Politik, die Menschen, kurz gesagt, es passt Ihnen gar nichts. Warum Sie dann noch immer dort sind? Weil Sie in der Früh aus dem Fenster schauen und der Tag damit beginnt, dass Sie sich ärgern, weil es regnet. So geht es dann den ganzen Tag weiter, und wenn der Abend kommt, haben Sie sich zwar viel geärgert, aber nichts geändert. Wie schon gesagt: Ein gezähmter Drache kämpft in Ihrem Auftrag. Wenn Sie es möchten, auch gegen Sie. Er kann Sie zwar warnen, aber der Chef sind am Ende Sie.

Wenn Sie sich gerade irgendwo aufhalten, wo Sie so gar nicht sein möchten, wo es kalt ist, ungemütlich und in Strömen regnet, dann schimpfen Sie nicht auf Ihre Situation. In dieser Sekunde können Sie es nicht ändern. Denken Sie daran, dass jeder Ärger Energie kostet, und nutzen Sie die Energie lieber, um dafür zu sorgen, dass Sie wegkommen.

Ungeduld raubt nur Energie

Gelassenheit hat aber nicht nur mit Zorn zu tun. Oft werde ich nach langen Flügen Zeuge eigenartiger Szenen. Menschen, die viele Stunden lang geduldig gesessen haben, sind plötzlich nicht mehr wiederzuerkennen. In dem Moment, in dem das Flugzeug den Boden berührt, stehen sie voller Hektik auf, schlagen sich die Köpfe an, ärgern sich, dass sie nicht an ihr Handgepäck kommen, weil ihnen die anderen bereits im Weg stehen, hasten Richtung Ausgang und wieder zurück, um die vergessenen Sachen einzusammeln. Wo liegt der Grund für diese plötzliche Hektik? Angenehm kann sie ja nicht sein. Warum aber lassen die Menschen sie dann jedes Mal aufs Neue zu? An Termindruck kann es nicht liegen. Die Szenen sind die gleichen, ob der Flieger zwei Stunden Verspätung hat oder eine Stunde zu früh landet. Wieso kommt es aber nach so vielen Stunden auf die paar Minuten an?

Ein schöner Beweis dafür, dass Gelassenheit wie Unruhe ausschließlich im Kopf entstehen. Sagte man den hektischen Menschen nämlich, dass es sich um einen Irrtum handle und der Flieger noch gar nicht gelandet sei, sie säßen auch noch zwei weitere Stunden auf ihrem Platz, um dort geduldig zu warten.

Wie wenig Ruhe mit Zeit zu tun hat, zeigen uns auch jene Menschen, die uns zuerst mit 150 Sachen überholen und dann neben uns an der roten Ampel stehen. Oder jene, die zwar nicht eine Minute Zeit haben für ein kurzes Gespräch mit einem Freund, aber kurz darauf ohne weitere Überlegung eine Stunde im Stau verbringen.

So ist es mit vielen Dingen im Leben. Anstatt unsere Energie darauf zu verwenden, Ziele zu erreichen, verbrennen wir sie hier und da in kleinen Stücken. Ist Ihnen eigentlich schon aufgefallen, wie viel Kraft so ein sinnlos umherspringender Drache eigentlich verbraucht? Ob im Zorn oder in der Hektik: Es ist eine traurige Wahrheit, dass nur Leichen und gelassene Menschen schwimmen. Jene, die hektisch um sich schlagen, reißen sich selbst in die Tiefe.

Innehalten und zur Ruhe kommen

Wenn Sie in einer solchen Situation bemerken, dass Ihr Drache Sie antreiben möchte, wenn Sie das Bedürfnis haben, Zeit möglichst schnell hinter sich zu bringen, um end-

lich an einem vermeintlichen Ziel anzukommen, zwingen
Sie ihn, stehen zu bleiben. Kommen Sie selbst zur Ruhe.
Es ist schade um jede nicht bewusst gelebte Sekunde. Beginnen Sie, ganz bewusst im Augenblick zu leben, und achten Sie auf jeden Ihrer Schritte.

Stress kommt nur zu denen, die ihn rufen.
Lassen Sie ihn also, wo er ist.

Manche Menschen hetzen durch ihr Leben voller Angst, nicht alles erreichen zu können, was sie sich vorgenommen haben. Falls es Sie beruhigt: Es ist in einem Leben nicht einmal möglich, jeden Ort der Erde zu besuchen und dort eine Sekunde zu bleiben. Setzen Sie ruhig Prioritäten. Sie versäumen nichts. Auch wenn andere Menschen Ihnen Druck machen möchten, bleiben Sie gelassen. Je heikler eine Situation ist, desto ruhiger sollten wir uns ihr nähern.
Am Ende hat innere Ruhe auch mit der Frage zu tun, welchen Wert Sie dem einzelnen Augenblick geben.

Sobald Sie verstehen, dass jeder Moment, egal wo Sie
gerade sind und was Sie gerade tun und ob Ihnen das passt oder
nicht, ein gleichberechtigter Teil Ihres Lebens ist, wird Ihre
Gelassenheit von selbst einkehren.

Betrachten Sie dann das Normale mit Erstaunen und jeden Wahnsinn in aller Ruhe.

DIE ZEIT ZURÜCKGEWINNEN

Auch Stress ist ein Phänomen, das nur in Ihren Gedanken entsteht. Die Beschäftigung mit untenstehenden Fragen soll Ihnen das verdeutlichen.

Was ist Stress? Wodurch entsteht er?

....

Was verursacht Ihnen den meisten Ärger?

....

Wann haben Sie das letzte Mal aus Ärger ein selbstgestecktes Ziel nicht erreicht?

....

Wem gehört Ihre Zeit? Wirklich?

....

Wie viele Minuten des Tages leben Sie bewusst gut?

....

Wenn Sie 80 Jahre alt werden, wie viele davon haben Sie dann bewusst gut gelebt?

....

Wer A sagt,
der muss nicht B sagen.
Er kann auch erkennen,
dass A falsch war.
(Bertolt Brecht)

12. Die Strategie des selbst-bestimmten Handelns

Ob Sie denken, dass Sie können, oder ob Sie denken,
dass Sie nicht können – es ist beides richtig.
(Henry Ford)

Erkenne, dass du deine Gedanken niemals von Emotionen kontrollieren lassen darfst.

Lassen Sie mich noch einmal kurz auf das Thema Zorn zurückkommen. Zorn ist eine sehr mächtige Emotion, die
vielen Menschen angenehm und faszinierend erscheint.
Was verständlich ist. Wirklicher Zorn gibt uns schließlich
das Gefühl unglaublicher Kraft und die Möglichkeit, unter
seinem Schutz Dinge zu tun, zu denen wir in einer anderen
Gefühlslage vermeintlich nie in der Lage wären.
Zorn kann einen Menschen bis zur Unkenntlichkeit verändern. Aus einer schüchternen Maus wird von einer Sekunde auf die andere ein feuerspeiender Drache, dessen Anwesenheit den Umstehenden die Sprache verschlägt. Selten
hat ihnen jemand so die Meinung gesagt. Auch die Maus
selbst ist erstaunt über ihre plötzliche Macht. Wäre sie nicht
so weit provoziert worden, niemals hätte sie sich getraut,
die Dinge so deutlich zur Sprache zu bringen.
Aber die Kraft des Zorns verschwindet so plötzlich, wie sie
gekommen ist, und aus dem bedrohlichen Drachen wird

wieder die ängstliche Maus. Geändert hat sich letztendlich nichts, und nach einigen Vorführungen nimmt das niemand mehr ernst.

Ein Beispiel zur Illustration: Sie haben schon seit längerer Zeit immer wieder ein Problem mit einem Gerät, das zeitweise nicht ordnungsgemäß funktioniert. Da Sie nicht gerne streiten und Ihnen ein Anruf bei der Hotline daher unangenehm ist, haben Sie diesen bis jetzt hinausgezögert. Diesmal aber ist das Problem so schlimm, dass Ihnen der Kragen platzt. Entrüstet greifen Sie zum Telefon. Ihr Drache steht schweigend hinter Ihnen und staunt.

Die Kräfte des Zorns verpuffen schnell

Ein Mitarbeiter hebt ab, Sie schreien das Problem in den Hörer, gebrauchen Ausdrücke, die Sie sonst selten verwenden, und fordern eine umgehende Abhilfe für Ihr Problem. Der Angestellte hört sich Ihren Wortschwall geduldig an und sagt dann: »Ich verstehe Ihren Ärger vollkommen. Ich werde meinen Kollegen K bitten, dass er Sie dann zurückruft, er ist da zuständig.« Aus. Warten ist Gift für jede Emotion. Der Zorn verraucht, die Kraft verschwindet. Der Kollege ruft zurück, das alte unangenehme Gefühl ist wieder da. »Nein, ist ohnehin nicht so schlimm. Ich komme schon zurecht damit. Danke aber für den Rückruf!« Hier wird nun das Problem deutlich, das jede Emotion mit sich bringt:

Im Zorn getroffene Entscheidungen sind Reaktionen auf das Verhalten anderer Menschen, aber nie Ihre eigenen. Daher haben sie auch nur so lange Gültigkeit, solange der Auslöser in Ihrem Kopf präsent ist. Was haben Sie nicht im

Ärger schon alles zu tun geschworen? Und was davon haben Sie dann wirklich getan? Da aber auf der anderen Seite im Ärger begonnene Aktionen zumeist nicht fertiggestellt werden, ist die gesamte aufgewendete Energie verloren. Man kann einen aus Zorn agierenden Menschen mit einer sehr hungrigen Person vergleichen, welche die Flamme am Gasherd so groß als möglich aufdreht, der aber dann bei halbgarem Essen das Gas ausgeht. Am Ende sind sowohl die Energie als auch das Essen verloren, und der Mensch bleibt hungrig.

Ich habe mir aus genau diesem Grund angewöhnt, in einem emotionalen Zustand weder zu telefonieren noch Mails zu schreiben noch sonst irgendwie mit Menschen Kontakt aufzunehmen. Es ist nämlich ein unangenehmer Nebeneffekt, dass Ihnen in einer solchen Situation auch bei Personen, die eigentlich mit der Ursache Ihres Zorns rein gar nichts zu tun haben, plötzlich Dinge einfallen, die Sie schon sehr lange an diesen stören. Schon beginnen Sie mit diesen völlig unvermittelt einen sinnlosen Streit.

Wenn Sie sehr große Mengen Energie für die Erreichung Ihrer Ziele sparen möchten, üben Sie, niemals aus negativen Gedanken heraus zu handeln.

Wenn Sie schlecht drauf sind, rennen Sie in Ihrem eigenen Interesse nicht sofort los, um es Ihre Mitmenschen auch spüren zu lassen. Die denken sich allenfalls, dass Sie ein Problem haben, und Sie verpulvern Ihre Energie. Warten Sie lieber, bis es vorbei ist.

Unkontrollierte Emotionen bringen noch viel weitreichendere Probleme mit sich. Angenommen, Sie bekommen die

Aufgabe übertragen, eine Entscheidung über ein Thema zu fällen, mit dem Sie sich noch nie beschäftigt haben. Was werden Sie tun? Wahrscheinlich jemanden um Rat fragen, der sich Ihrer Meinung nach mit dieser Thematik auskennt. Was aber, wenn noch niemand vor Ihnen diese Entscheidung fällen musste? Wenn Ihnen, anders gesagt, niemand helfen kann? Dann werden Sie wohl auf ihre Intuition, also auf Ihr inneres Gefühl hören.

Gezähmte Drachen haben die richtige Intuition

In Wirklichkeit ist diese Entscheidung aus dem Bauch heraus die einzig mögliche. Auch wenn wir oft der Ansicht sind, ausschließlich anhand von Fakten und der Meinungen anderer Menschen zu entscheiden, ist tatsächlich genau das Gegenteil der Fall.

Stellen Sie sich vor, Sie sind mit Ihrem Sportwagen auf einer kurvenreichen Straße unterwegs. Geschwindigkeitsbegrenzung gibt es keine, nur der Mechaniker in der Werkstatt hat Ihnen gesagt, dass das Auto auf solchen Straßen locker 120 km/h verträgt. Soweit die Fakten. Wovon hängt es jetzt aber ab, wie schnell Sie tatsächlich fahren? Wäre Ihre Entscheidung nicht vom Bauchgefühl abhängig, müssten Sie mir ja hier und jetzt sagen können, mit welcher Geschwindigkeit Sie auf dieser Strecke unterwegs wären. Können Sie das? Zurück zum Zorn. Nehmen wir nun an, Ihr Gefühl sagt Ihnen in einer normalen Stimmung, dass die beste Geschwindigkeit für diese Strecke 80 Kilometer in der Stunde sind. Genau daran halten Sie sich auch.

Nun stellen Sie sich vor, Sie sind so richtig zornig. Das Kundengespräch ist danebengegangen, es gab Probleme mit dem Chef und einen Streit mit Ihrem Partner. Wieder fahren Sie die gleiche Strecke, wieder sagt Ihnen Ihre Intuition, dass 80 km/h optimal wären. Wenn Sie aber wirklich wütend sind, wie schnell fahren Sie dann? 120? 160? Zorn überlagert Ihr Bauchgefühl. Sie sind also nicht nur außerstande, Entscheidungen zu treffen, die wirklich Ihre eigenen sind. Sie tun vielmehr auch Dinge, von denen Sie genau wissen, dass diese Ihnen nur schaden.

Zu guter Letzt noch eine andere Frage: Hätten Sie in der gleichen Situation überhaupt keine Information, wie schnell Sie fahren könnten, ohne mit dem Auto zu verunglücken, wonach würden Sie die Geschwindigkeit bestimmen? Nach Ihrem Gefühl. Wenn Sie nun, wie schon gesagt, 80 km/h als absolute Obergrenze empfinden, aber Ihr Beifahrer Ihnen ständig sagt, dass es doch besser wäre, 150 zu fahren, wie reagieren Sie? Warum?

Haben Sie aber immer den Mut, dort nein zu sagen,
wo Sie gegen Ihr Gefühl handeln. Falls nicht, lernen Sie es.

Lassen Sie sich nicht emotional überwältigen

Es ist wichtig, Gedanken und Gefühle zu trennen. Auch wenn Emotionen vermeintlich ohne Kontrolle in uns aufkommen, sind sie uns bewusst. Das bedeutet, dass Sie wissen, ob Sie gerade zornig oder ausgeglichen sind. Über alles, was uns bewusst ist, können wir nachdenken und es dann auch ganz gezielt beeinflussen. Das ist zwar ein Faktum, aber offensichtlich nicht allen bekannt. Wie sonst könnte man sehenden Auges in ein Burn-out-Syndrom oder in eine andere emotionale Katastrophe laufen?

Emotionen selbst sind nicht kontrollierbar, die Art, wie wir auf diese Gefühlszustände reagieren, aber sehr wohl. Der Weg zu dieser Kontrolle ist, die eigene Stimmung anzunehmen und sie sich gezielt bewusst zu machen.

Gefühle sind viel gefährlicher als Gedanken, weil wir ihre Entstehung nicht beeinflussen und nur sehr bedingt unterdrücken können.

Es ist nämlich so, dass sich Bewusstsein und Gefühle in gewisser Form entgegenstehen. Wenn Ihnen zum Beispiel bewusst ist, dass Sie in einer Situation überlegen sind, werden Sie auch keine Angst verspüren und entsprechend handeln. Fühlen Sie sich aber umgekehrt unterlegen, werden nicht mehr Gedanken, sondern Emotionen Ihre Handlungen bestimmen.

Wenn Sie also das nächste Mal der Meinung sind, es gehe ihnen unheimlich schlecht und eigentlich hätte alles ohnehin keinen Sinn, lassen Sie sich nicht hineinfallen. Formulieren Sie Ihr Gefühl und übergeben Sie dann an den Drachen.

Das geht so: »Im Moment geht es mir echt schlecht. Ich bin der Meinung, dass das alles keinen Sinn hat und ich ohnehin nichts zusammenbringe. Möchte ich, dass es mir schlecht geht und dass ich das denke? Nein. Also lass es uns vergessen und weitermachen. Wir können alles schaffen, wenn wir es nur wirklich wollen. Es scheinen zwar die Umstände schwierig, aber eigentlich sehe ich nicht ein, dass andere Menschen kontrollieren, wie es mir geht.

Drache, mir geht es toll, und ich werde das, was mir nicht passt, einfach ändern. Schließlich bin nur ich selbst dafür verantwortlich, wie es mir geht.«

Diese Technik ist nicht ganz so einfach, wie sie wirkt, aber mit ein bisschen Übung schaffen Sie es. Das hat jetzt wie schon gesagt nichts mit positivem Denken zu tun. Wenn Ihnen gerade nach traurigen fünf Minuten ist, lassen Sie diese zu.

Zu hoher Widerstand macht verletzlich

Es macht übrigens grundsätzlich keinen Sinn, zu versuchen, sich selbst oder dem Drachen negative Gedanken zu verbieten. Der Drache reagiert hier wie ein kleines Kind, und die Sache wird gleich doppelt so interessant.

Der Erhalt einer unangenehmen Nachricht ist nun einmal mit unangenehmen Gefühlen verbunden. Manche sagen auch, so etwas träfe sie wie ein Schlag. Versuchen wir aber, einen Stoß abzuwehren, indem wir uns mit unserer ganzen Körperkraft entgegenstellen, fängt unser Körper die ganze Energie des Gegners auf. Verletzungen sind die wahrscheinliche Folge. Wenn Sie einen Schlag aber einfach durchlassen, so dass die Energie nicht vom Körper aufgefangen wird, sondern durch ihn durchgeht und ihn nach hinten hin wieder verlässt, werden die Folgen innerhalb kurzer Zeit verschwinden.

Erinnern Sie sich noch an den Boxer? Diese Sportler sind Meister im Kontrollieren von Emotionen. Wir müssen uns das so vorstellen: Zwei Personen, die sich nur flüchtig kennen und eigentlich ganz gut miteinander auskommen, stehen sich in einem Ring gegenüber. Keiner der beiden hat einen Zorn auf den anderen und auch sonst keinen Grund, emotional zu sein. Vor dem Kampf stehen die beiden noch friedlich nebeneinander und unterhalten sich.

Auf ein Kommando des Ringsrichters mobilisieren beide ihre gesamte Kraft und fokussieren sie nur auf ein einziges Ziel: den Kampf zu gewinnen. Dass hier weder Zorn noch Hass im Spiel sind, erkennen wir daran, dass sich die beiden nach beendetem Kampf voneinander trennen, als wäre nichts gewesen. Ein guter Boxer muss also lernen, seine Kampflust auf Glockenschlag ein- und auszuschalten. Aber im Kopf und nicht auf emotionaler Ebene.

> *Sich nicht über Situationen oder Menschen zu ärgern, heißt also nicht, sich alles gefallen zu lassen. Es bedeutet nur, negative Emotionen nicht die Kontrolle über die Gedanken übernehmen zu lassen.*

Nur im Denken können wir etwas verändern. Zorn ist aber nicht der einzige Weg, auf dem fremde Personen die Kontrolle selbst über einen gezähmten Drachen und damit über unser Handeln übernehmen können.

Das muss, wie Sie gleich sehen werden, gar nicht beabsichtigt passieren, hat aber weitreichende Konsequenzen. So habe ich Ihnen in einem der vorigen Kapitel gezeigt, welche Macht Sprache hat. Zumindest über diejenigen, die mit ihr umzugehen wissen. Tatsächlich ist aber nicht immer alles so gemeint, wie es beim Empfänger ankommt. Lassen Sie mich das kurz illustrieren.

Ob eine nicht ganz sprachgewandte Visagistin zu einem Fotomodell sagt: »Da ist nicht viel zu tun«, oder aber ob sie sagt: »Da ist nicht viel zu machen«, bedeutet vielleicht für die Visagistin keinen, für das Model aber einen großen Unterschied. Wenn sich Letztere aber wegen dieser Worte gekränkt fühlt, woher möchte sie wissen, wie es wirklich gemeint war? Am leichtesten ist es, so etwas einfach nicht persönlich zu verstehen. Und sollte es denn tatsächlich ein Angriff gewesen sein, geht dieser in jedem Fall ins Leere. Was Sie nicht als persönlich verstehen, kann Sie auch nicht persönlich treffen.

Wie der Drache sich selbst blockiert

Es müssen aber nicht immer »die anderen« sein, die unseren Drachen vom Weg abbringen. Öfter noch, als wir es durch andere zulassen, tun wir es nämlich selbst. Auch hier gibt es verschiedene Möglichkeiten.

Zuerst einmal wäre da das ständige Nachdenken über Sorgen, das sehr oft verhindert, dass wir unser Ziel erreichen. Sorgen sind natürlich etwas unangenehmes, aber sie werden davon nicht besser, dass Sie sich diese ständig ins Gedächtnis rufen. Sie können sich das so vorstellen, als hätten wir beide eine Besprechung für ein gemeinsames Projekt. Während des Gesprächs komme ich ständig vom Thema ab, und wir müssen das eine um das andere Mal von vorne beginnen. Glauben Sie, dass dieses Projekt jemals fertig wird?

Selbstverständlich müssen wir so ehrlich sein, zu sehen, dass uns oft Dinge sorgen, deren Änderung außerhalb unseres Einflussbereichs liegt. Das kann ein kranker Angehöriger genauso sein wie Probleme der Kinder. Aber welchen Vorteil hat irgendjemand davon, wenn Sie sich Sorgen machen? Die häufigste Form der Eigenblockade ist jene, die ich als »Du-musst-es-schaffen-Druck« bezeichne. Wir stecken uns ein Ziel und setzen uns in den Kopf, dass die Welt unterginge, wenn wir es nicht erreichten. Was dabei herauskommt, kennen wir aus dem Sport: Oft fahren Rennläufer im privaten Training weit bessere Zeiten als dann beim Rennen selbst. Selbst wenn wirklich wichtige Dinge zu erledigen sind, vergessen Sie die »Ich muss das schaffen, sonst …«-Ideen. Sie können nichts erzwingen.

Gleichgültig nämlich, wie sehr sich der Rennfahrer auch unter Druck setzt, wenn der Sieg nicht sein soll, wird er nicht sein. Er kann nur den Hang herunterfahren, so schnell es ihm gerade möglich ist, und dankbar sein, dass er dieses Rennen fahren darf. Gleiches gilt auch für Sie.

> *Denken Sie nicht »ich muss«, denken Sie »ich tue«.*
> *Lassen Sie sich nicht ablenken, und verwenden Sie Ihre ganze*
> *Energie darauf, das Ziel zu erreichen. Es wird werden,*
> *wie es werden soll.*

Schließlich bedeutet selbstbestimmt zu handeln, zu lernen und zu verstehen, dass Sie alles sein können, was Sie sein möchten. Und dass Sie morgen genau dort sein werden, wohin Sie sich heute gedacht haben. Glauben Sie mir und vertrauen Sie sich selbst: Ihr Drache bringt Sie zuverlässig dorthin.

EMOTIONEN ZULASSEN UND LENKEN

Emotionen kann man nur kontrollieren, wenn man sie bewusst zulässt. Dabei sollen Ihnen die folgenden Fragen behilflich sein.

Haben Sie schon gegen Ihr Bauchgefühl gehandelt?

....

Welche Emotion nimmt Ihnen die meiste Energie?

....

Macht Zorn stark?

....

Was kommt nach dem Zorn?

....

Wie oft haben Sie sich heute gefreut?

....

Geht es Ihnen gut?

....

Epilog

Das war es. Mehr gibt es für mich hier nicht zu tun. Es war mir eine große Freude, Sie kennengelernt und ein Stück Ihres Lebens begleitet zu haben. Auch wenn es bis hierher ein anstrengender Weg war, Sie sehen ganz toll aus auf Ihrem Drachen.

Unterwegs haben Sie viele Einblicke in die Welt Ihres Drachen bekommen, in seine Gewohnheiten und seine Geheimnisse, und Sie haben gelernt zu verstehen, warum er wie handelt. Sie haben ihn sich damit zum Freund gemacht und dabei den besten und kraftvollsten Gefährten gewonnen, den man sich nur wünschen kann.

Bedenken Sie aber stets, dass Sie nicht irgendein Wesen, sondern einen Drachen reiten. Er ist so stark, dass er selbst dann noch gefährlich sein kann, wenn er vermeintlich gezähmt ist. Mahatma Ghandi hat einmal gesagt: »Setze deine Ziele groß genug, so richten sich die Umstände nach deinen Zielen.«

Fragen Sie nicht, ob Sie Ihre Ziele erreichen können, sondern ergründen Sie, wie Sie es schaffen können. Vergessen Sie eines nicht: Das wirkliche Geheimnis von Glück und Erfolg ist das Bewusstsein von Glück und Erfolg. Falls Ihnen genau das einmal fehlt, fragen Sie doch Ihren Drachen danach.

Der hat es nämlich immer. In diesem Sinne: Leben Sie wohl.

Ihr
Bernhard Moestl

Wichtiger Hinweis
Die im Buch veröffentlichten Ratschläge wurden von Verfasser und Verlag mit größter Sorgfalt erarbeitet und geprüft. Eine Garantie kann jedoch nicht übernommen werden. Ebenso ist eine Haftung des Verfassers bzw. des Verlages und seiner Beauftragten für Personen-, Sach- oder Vermögensschäden ausgeschlossen.

Bibliografische Information der Deutschen Nationalbibliothek
Die Deutsche Nationalbibliothek verzeichnet diese Publikation in der Deutschen Nationalbibliografie; detaillierte bibliografische Daten sind im Internet über http://dnb.d-nb.de abrufbar.

© 2009 Knaur Ratgeber Verlag
Ein Unternehmen der Droemerschen Verlagsanstalt Th. Knaur Nachf. GmbH & Co. KG, München
Alle Rechte vorbehalten.

Projektleitung: Bettina Huber
Redaktion: Dr. Marion Ónodi
Herstellung, Layout und Satz: Veronika Preisler
Umschlaggestaltung: griesbeckdesign, München (unter Verwendung einer Illustration von Gisela Rüger)
Druck und Bindung: CPI – Ebner & Spiegel, Ulm

Printed in Germany

ISBN 978-3-426-64619-9
5 4 3 2 1

Bitte besuchen Sie uns auch im Internet unter der Adresse:
www.knaur-ratgeber.de